W0362715

laGalera

Un caballo contra Roma

JOSEP VALLVERDÚ

Ilustraciones:
LLUÍS TREPAT

Traducción:
MARÍA DEL CARMEN RUTE

LISTA DE HONOR DEL PREMIO DE LA CCEI 1977

Primera edición:
abril de 1976

Séptima impresión:
mayo de 1996

Segunda edición:
julio de 2002

Segunda impresión:
mayo de 2008

Diseño gráfico del interior: clase
Diseño gráfico de la cubierta: Cass
Fotografías de la cubierta: Arxiu ECSA,
Hemera Technologies Inc

Dirección editorial: Lara Toro

La Galera, SAU Editorial
Josep Pla, 95 – 08019 Barcelona
www.editorial-lagalera.com
lagalera@grec.com

Impreso por Limpergraf SL
Mogoda, 29-31 Polig. Ind. Can Salvatella
08210 Barberà del Vallès

Depósito legal: B-26.924-2008
Impreso en la UE
ISBN 978-84-246-0029-7

Índice

A Manuel Lladonosa y Dolors Latorre, ilergetas

UNA SOMBRA ESPÍA EL CAMPAMENTO

«Un poco más, que no se diga que ahora tienes miedo... Un poco más, Aldín. ¡Venga, sigue arrastrándote!»

Palmo a palmo, reptando como un lagarto perezoso, la figura se aproximaba a la fosa que rodeaba el campamento.

La luna estaba alta, pero menguante. Poca luz, blanquecina y un poco empañada por desflecadas y algodonosas nubes.

Aldín continuaba reptando, aplastado contra la tierra.

«Estos soldados siempre procuran colocar el campamento algo lejos de los árboles. Si no me ven será un milagro.»

Aldín, flaco como un sarmiento, serpenteaba. Con

la mano izquierda agarraba un hueso, un amuleto que llevaba colgado al cuello con una tira de cuero. «Me dará suerte se decía. Me dará suerte. Cuando pueda saltar una de las empalizadas habré conseguido gran parte de mi objetivo.»

En la cima del cerro y a sus espaldas quedaban las siluetas de las casas de su pueblo, las casitas endebles, la cisterna de piedra excavada en forma de enorme dado y, en total, cuatro viejos y cuatro mujeres. Él, escogido por el consejo de los guerreros, era de los pocos jóvenes que se habían quedado. Ni demasiado mayor ni demasiado niño. Su padre, Ilacio, antes de morir le había dicho:

—Te quedarás en el pueblo. Eres ya casi un guerrero como nosotros lo fuimos. Ahora, cuando yo muera, serás el cabecilla del pueblo, mientras los guerreros huyen a la montaña tratando de combatir a los romanos invasores. Si ocurre algo grave, vete en busca de los guerreros; ya sabes dónde están, allá en el «Río-que-baja».

Pero Aldín, en esta ocasión, huyó del pueblo al atardecer. La última razia de los soldados le había enfurecido. Y ahora salía para enfrentarse con ellos.

Los hechos se habían desarrollado así:

A media tarde los soldados habían llegado al poblado: era un grupo numeroso mandado por un centurión. Entraron en todas las casas, dieron puntapiés a los cerdos, se llevaron todo el ganado y...

Aldín volvió a agarrar el amuleto. «Que me dé suerte, que la noche no caiga sobre mí.»

Ya estaba a menos de cincuenta pasos del campamento, en un lugar donde los matojos resultaban un camuflaje poco eficaz.

Silenciosamente llegó a la fosa y deslizándose pendiente abajo, con la técnica aprendida de los guerreros, se agazapó al pie de la empalizada.

Se veía el fulgor de una hoguera lejana y se oían relinchos de caballos amarrados.

Precisamente caballos. Aldín movió la espalda repetidamente para desentumecerse, algo dolorido de tanto reptar como una serpiente.

«¡Si hubieran sido sólo los cerdos, pero los caballos... eso sí que no!»

Los relinchos que llegaban hasta él reforzaban aún más su propósito.

«Tengo que penetrar en el campamento. Esperaré a que una nube oculte la luna.»

En lo alto de la torre de guardia, el soldado, cubierto por la sombra del ramaje, hacía rato que se había apercibido de la figura agazapada. Al principio le pareció un mirabel, planta rodadiza que el suave viento hubiera empujado de un lado a otro. Después tuvo la convicción de que era una figura humana.

Se sonó con el dorso de la mano antes de avisar al soldado que en aquel momento pasaba, haciendo su ronda.

—Eh, tú...

Había gritado en voz baja, pero con tono de urgencia.

—¿Sí?

—Alguien se acerca.

—¿Quién quieres que se acerque? ¿Un herido?

—No preguntes. Tú avisa al decurión.

Por una de las calles que formaban las tiendas

alineadas salía al paso de ronda un legionario corpulento.

—¿Ya estáis jugando otra vez? —dijo en tono de reprimenda.

Cuando el soldado de abajo le comunicó el mensaje del centinela, el decurión subió pesadamente la rústica escalera de la torre.

—Sí... comentó. Es verdad, es un hombre o un muchacho.

El soldado de guardia mostró la jabalina.

—¿Espero a que se acerque y la lanzo?

El decurión movió la cabeza.

—Mira, puede ser un espía, un traidor... o un loco. De todas formas aunque entrara en el campamento sería hombre muerto.

Paseó la mirada por el campo raso que se extendía más allá del campamento.

—No hay nadie más. Algún motivo tendrá.

—¿Entonces, qué? ¿Le abrimos las puertas?

—¡Quita de ahí, estúpido! ¿Qué clase de soldados tengo? Sois unos inútiles. Pero, ¿tú no ves que ese viene escondiéndose con intención de escalar la empalizada? Quiere entrar.

—Sí, pero...

—Nada de puertas. Escogerá aquel ángulo de abajo, que es el que está más oscuro, le esperaremos allí.

Se dirigió al soldado que se había quedado abajo.

—Que venga Citus.

—¿Qué Citus?

El decurión resopló.

—¡Ci-tus! El de las tiendas de los auxiliares, el sármata.

El soldado se retiró al interior del campamento. Los extranjeros no le hacían ninguna gracia. Para él todos eran iguales. Pero Citus, el atlético, le gustaba menos que ninguno. Un día alguien le gastó una broma y Citus le propinó tal paliza que le hizo rodar a lo largo de toda la decumana.

El soldado fue por las tiendas de los auxiliares para despertar al sármata. Pero tuvo suerte, todavía estaba despierto. Lo encontró sentado en el suelo, contra unos odres, escuchando atentamente las cosas que le contaba Anfites, el griego.

—Cuando yo digo que Diomedes era capaz de lanzar un grito de guerra que retumbaba en las montañas, debes creerlo. Homero lo dice y Homero es la verdad hecha poesía.

—Anfites, Anfites, que te conozco, que los griegos mentís incluso cuando no habláis —dijo Citus—. Vamos a ver ¿tú crees eso de Homero?

—Si lo creo o no, es otra cuestión. Eres tú el que debes creerlo.

En aquel momento el soldado mensajero se plantó ante los dos hombres.

—El decurión te llama.

Citus negó con la mano.

—No estoy de servicio ahora.

—Que vengas en seguida —insistió el soldado—. Parece que hay peligro.

—¿Lo ves? —se quejó Citus a Anfites, levantándose—. Roma y el Imperio me necesitan. Cuando Roma no sabe cómo arreglárselas acude a Citus, el pobre sármata.

Ya de pie, Citus se desperezó, estirándose, y bostezó. Medía seis pies de altura, tenía una bella estampa atlética. Llevaba una capa corta y unas calzas largas recogidas en los tobillos.

—Tú quédate recitando poesías, Anfites. A mí me tocará hacer de forzudo. Habrá algún carro volcado o tendré que sacar una serpiente de la tienda del decurión.

Acompañado del soldado hizo el recorrido hasta el pie de la torre de la que en aquel momento bajaba el decurión.

—Tú, Citus. ¿Qué quieres? ¿Que te llame a toque de tuba? Has tardado demasiado.

—No te quejes, decurión, sabes que siempre te ayudo.

—Está bien. Mira, sube a la torre y observa. Abajo hay un espía, un traidor o un asesino: en cualquier caso tiene aspecto de ibero. Esperad que suba a la empalizada, fijaos bien por dónde lo hace y le atrapáis. Después, me lo lleváis a la tienda.

Con un gesto afirmativo, Citus se dio por enterado de la orden.

Desde la torre, procurando que ningún rayo de luna le delatara, observó con el centinela cómo el muchacho andaba a gatas por el lado de la cerca hasta llegar a un lugar donde la inclinación de los troncos que la formaban facilitaba la escalada.

—Ya sé el lugar —comentó Citus—. Ya es mío.

Bajó lentamente de la torre y fue, a través del campamento, describiendo un arco y volviendo a la empalizada, al lugar oscuro que parecía haber elegido el asaltante. No necesitó más que extender los brazos para agarrar fácilmente las manos que asomaban por encima de la valla. El otro soldado, el que había ido a llamarle por orden del decurión, tenía la espada en la mano por si acaso.

Aldín se sintió aferrado por los puños y a pesar suyo dio una voltereta, dada la fuerza muscular de Citus. Éste le arrastró hasta un sitio iluminado.

—¡Mirad quién está aquí! ¡Un pequeño ibero con cara de furia!

Aldín, que era bastante alto para sus diecisiete años, se debatía y daba patadas, pero Citus lo mantenía alejado y la juvenil figura acabó por cansarse de golpear el aire violentamente.

—¡Vamos a ver al decurión! Y no te las des de listo si no quieres ser comida para los buitres mañana, ¡buena pieza! —ordenó Citus.

Pero no le miró con odio ni animadversión. En el fondo le daba lástima haber atrapado a aquel muchacho.

El sármata, el pobre asaltante y el soldado emprendieron el camino hacia la tienda del decurión, a través de un campamento casi dormido.

LA HISTORIA DE ALDÍN

Hacía muchos años que Roma, poderosa y con empuje, se había ido apoderando del Mediterráneo. Primero se impuso a los otros pueblos de la península itálica, después se enfrentó con un pueblo también mediterráneo, pero africano, Cartago; le costó mucho su rendición y como resultado de este enfrentamiento conquistó Hispania. Igualmente se extendió hacia el Mediterráneo oriental, hacia Grecia, debilitada después de una brillante historia, y logró conquistarla. En verdad, los romanos superaban a todos los otros pueblos de aquel tiempo.

Una de las tierras que dominaban casi por entero era la Tarraconense, llamada así porque la capital del territorio era Tarraco. Habían ido sometiendo a las tribus bien por medio de tratados y pactos, bien por la fuerza. La máquina de guerra de los romanos era prodigiosa, algunos héroes iberos se habían enfrentado a ella, pero todos habían sucumbido. A los iberos se les obligaba a abandonar sus aldeas encaramadas en los montes y a vivir en la llanura.

Poco a poco, algunos iberos, buenos guerreros y, sobre todo, excelentes en el arte de montar a caballo, se incorporaron al ejército romano. Eran luchadores natos, buenos y rápidos y, en general, los romanos los estimaban. Constituían las llamadas tropas auxiliares.

De hecho, habían pasado tantos años desde que los romanos ocuparon la Tarraconense, que los contactos con los soldados ya eran normales y puede decirse que la gente joven hablaba indistintamente su lengua primitiva o se hacía entender en latín cuando había que entablar el diálogo con funcionarios o legionarios.

Pero había tribus enteras, pequeñas aldeas, villorrios, que todavía no podían considerarse sometidos y en los cuales quedaban algunos rebeldes, guerrilleros que combatían a los romanos; o habitantes de poblados abandonados huidos a las montañas que, ilusionados, creían poder resistir a la ley romana.

En el poblado donde Aldín había nacido ocurrió exactamente lo siguiente: los hombres en edad de combatir abandonaron las casas y siguieron haciendo la guerra a los romanos aunque sin esperanza de éxito. Las mujeres y los ancianos permanecieron en el poblado; y también algunos jóvenes, al frente de los cuales estaba Aldín. Por su condición de hijo del cabecilla, había recibido el encargo de velar por el pueblo y su hacienda. Los romanos, pensaban los guerreros iberos, le considerarían aún un niño.

Cada legión romana que había pasado cerca de aquel poblado, situado junto al río, había recibido de la legión que antes había acampado, la noticia de la rebelión de sus hombres. Los legionarios siempre, siempre se habían reído de eso.

—Pero, ¿qué se ha creído esta gentuza? ¡Si hace más de trescientos años que hemos conquistado el territorio! ¿Cómo osan decir que todavía están en guerra contra Roma?

Y también, cada nueva expedición de soldados que llegaba al campamento se dedicaba a saquear el pueblo. Se incautaban del ganado, de los caballos, rompían las vasijas de arcilla y se llevaban a alguien como esclavo.

Cuando una legión salía hacia la comarca donde se encotraba aquel poblado ibero, ya sabía que encontraría algunos pueblos que tercamente decían que aún estaban en guerra con Roma.

Y Aldín era de los que lo creían.

De pequeño, en el pueblo, había oído decir que en otro tiempo había existido un caudillo llamado Indíbil, que había gobernado todo un imperio hasta que llegaron los romanos. Al principio colaboró con éstos, después con los cartagineses, para ver de quién podría obtener más privilegios; más tarde fue perdonado por los romanos volviendo a la obediencia; y, finalmente, llevado por su sentido de la independencia, se alzó en armas contra Roma y murió en una batalla.

En los poblados de aquella región el nombre de Indíbil era venerado y todos los hombres tenían a gala parecerse a él. Trabajaban unos huesos, esquirlas de fémur de vaca, y les daban una forma de cruz combada, que era la señal de la rebelión; llevaban estos amuletos pendientes al cuello o atados al cinturón, y antes de entrar en combate los apretaban con la mano. Llegada la noche, reunidos en torno a la hoguera, elevaban los amuletos al cielo e imploraban la fuerza de los antiguos guerreros.

Aldín había recibido el amuleto de su padre. En las montañas los hombres de la Ilergecia, la Ilercavonia y otros grupos iberos no eran molestados por los romanos. Sin embargo, Aldín habría deseado vivamente unirse a los guerreros de su tribu, monte arriba; pero había prometido cuidar del pueblo, de sus habitantes, del ganado y de otras pertenencias. Y hasta ese momento no se había movido de allí. No obstante, las circunstancias le obligaban ahora a una acción desesperada a la que no podía renunciar.

Cuando la última tropa de romanos que pasó por el campamento se dirigió al pueblo bajo las órdenes del centurión Tacca, hizo lo que solían hacer los romanos, saquear, pedir gente que les ayudara a acarrear fardos, requisar herramientas afiladas y llevarse los cerdos para asarlos.

Aldín hubiera deseado tener tiempo de conducir un rebaño a la montaña o, al menos, atravesar el río y llegar a tierras más seguras, pues su poblado tenía la mala suerte de estar situado muy cerca de un campamento romano ocupado sucesivamente por tropas de refresco. Pero no solamente no había tenido tiempo sino que, para mayor desventura, había presenciado cómo los soldados romanos descubrían un redil donde había cuatro caballos.

Las tropas que anteriormente habían pasado por el pueblo habían respetado los caballos, conocedoras de que eran un patrimonio intocable: los tratados con

Roma ya preveían que los iberos entregarían a las tropas romanas un caballo de cada diez. Ni uno más. Esta vez Aldín se vio sorprendido por la llegada súbita y violenta de soldados romanos, un manípulo a lo sumo, los cuales rodearon el pueblo y esperaron, mientras un reducido pelotón a caballo, mandado por un centurión, penetraba hacia el interior del poblado.

—¡Salid todos! —ordenó el centurión.

Era un hombre de mediana edad, robusto, con una barba corta. Reía a menudo entre frase y frase.

—¡Salid todos, ratas ibéricas!

Unos ancianos y unas mujeres asomaron la cabeza por las bajas puertas de sus casas.

—Me han dicho que todavía queréis hacer la guerra a Roma. ¿Quién es vuestro cabecilla?

Aldín y otros dos muchachos estaban en el lugar más alto del pueblo, observando la escena.

—¿Oyes bien lo que dicen? —preguntó uno de los chicos.

Aldín asintió con la cabeza.

—Lo de siempre. Nos insultan.

Viendo que nadie respondía, el centurión mandó a su caballo dar tres pasos, una vuelta, después un golpe corto y, sin bajarse de la montura, cogió por los pelos a una mujer y la llevó junto a los soldados.

—¡He preguntado quién os manda! ¿No tenéis lengua? ¿O es que ahora sí tenéis miedo a Roma?

La mujer no osaba moverse, dado que el centurión la tenía bien agarrada y le tiraba de la mata de pelo.

Unos niños rompieron a llorar.

Los soldados de la escolta volvieron la cabeza. Aldín no había esperado más y bajaba corriendo para plantarse a cinco pasos del caballo del centurión Tacca.

—Me llamo Aldín —declaró.

Todas las lanzas formaron una erizada circunferencia a su alrededor.

Los soldados llevaban uniforme de campaña, y los aldeanos, por mucho que odiaran a los romanos, admiraban aquel alarde bélico. Si hubieran podido verlos por las calles de Roma, vestidos de gala, todavía habrían admirado más los plastrones y los cascos.

El centurión soltó a la mujer, que, de una carrera, se escondió en su casa.

Dos hombres viejos también avanzaron hasta ponerse al lado de Aldín.

—¿Y eres tú el jefe? —se rió Tacca—. ¡Por las barbas de Baco, qué miedo me das!

—Y tú, ¿quién eres? —preguntó Aldín.

El centurión se enfureció.

—¡Mando la tropa y basta! —bramó.

—Yo te he dicho mi nombre y tú tienes que decirme el tuyo —replicó Aldín.

El centurión se volvió hacia uno de sus oficiales.

—¿Has visto alguna vez una soberbia como ésta?

El oficial le dio en el brazo, rogándole que se callara.

Después fue el oficial el que habló.

—Ibero, el centurión que te ha hablado es Quinto Probus Tacca, nuestro jefe, y pertenecemos a la cuarta legión, acampada desde la noche pasada. Ahora síguenos y acompáñanos por todo el pueblo para llevarnos víveres.

Los ancianos protestaron, Aldín dijo que aquello iba en contra de los pactos con Roma, y que si cada vez

tenían que darles comida, paja y heno, acabarían muriéndose de hambre.

El centurión bajó del caballo y se plantó ante el mozalbete.

—Me parece, muchacho, que no podré olvidarme de ti. Si fueras romano o ya serías cónsul o te habrían crucificado. ¿Quién te ha enseñado a ser tan descarado? Nosotros cogemos todo lo que queremos, y si dices una palabra más te cosemos a lanzadas. ¡Soldados, que no se mueva!

Rodeado por una decena de legionarios, situado en medio de un bosque de lanzas y espadas, Aldín vio cómo los soldados revolvían las casas, formaban improvisados rebaños de ovejas y piaras de cerdos y, finalmente, llamaban alborotadamente al centurión.

Habían descubierto detrás del altozano, a media altura, el redil con los caballos.

El centurión acudió, los vio y dio la vuelta. Después se acercó a Aldín.

—Te felicito, tienes unos caballos magníficos. Nos vendrán bien. Hemos combatido últimamente y los nuestros están muy cansados. Nos llevamos los tuyos.

—No puedes hacerlo, Tacca —protestó Aldín—. El pacto dice que sólo puedes coger uno de cada diez.

Tacca torció el gesto con una expresión de lástima.

—O los diez, ¿qué te has creído?

Y le volvió la espalda.

Aldín trató de seguirle, pero los legionarios se lo impidieron.

Los romanos dirigieron los caballos pendiente abajo hacia el campamento.

—Seru... —murmuró Aldín.

Detrás de todo el ganado, a duras penas, marchaba un caballo blanco con manchas negras, un tordo, al que Aldín quería más que a ninguno. Era su caballo. Ya hacía dos años que lo tenía. Aldín había aprendido a montar desde muy pequeño, pero aquél era realmente el primer caballo grande que poseía.

—Seru... —volvió a susurrar. Después, dando un alarido dijo:

—¡Es mi caballo! ¡Devolvédmelo! ¡Ladrones!

Los últimos soldados se retiraban. Los caballos ya estaban lejos, a las puertas del campamento.

EL LEGADO QUIERE DORMIR

El decurión, con una grotesca cara de borracho, acababa de servirse otra jarra de vino. Después de bebérsela, salió, se plantó ante la tienda y miró al mozalbete que Citus sujetaba por los brazos.

Aldín sostuvo la mirada del decurión.

—¿Por qué querías entrar en el campamento?

Al oír la pregunta, Aldín tragó saliva y respondió otra cosa que no tenía nada que ver.

—Tú no eres el centurión con el que he hablado esta tarde.

El decurión se puso con las manos en jarras.

—¿Oís lo que dice? —exclamó mirando a los otros legionarios que le rodeaban, más o menos soñolientos, y a Citus—. Claro que no soy el centurión... todavía. ¿Y qué, si no lo soy?

Aldín, que no tenía miedo a nada, replicó.

—No hablaré si no es con el legado. Sé que por encima de ti está el centurión, y sobre el centurión el legado, el jefe del campamento.

El decurión cerró los puños.

—Como que me llamo Magnus que no daría un óbolo por tu pellejo, tú quieres morir, pequeño. ¡Pretender hablar con el legado! ¡Con un hombre que manda una legión! Uno de los más grandes capitanes. Y tú quieres hablarle, decirle «hola, ave, aquí estoy». Ahora mismo te arranco la lengua si no contestas: ¿Por qué querías entrar en el campamento? ¿A robar?

—¡No quería robar!

Aldín respondió con un grito.

El decurión alzó el puño.

—¡Di la verdad! ¡Tú querías hurtar alguna cosa!

—¡Que no!

Ambos habían elevado mucho el tono. De las tiendas cercanas salían voces de protestas.

—¡Callad, perros!

—¡Si habéis bebido iros a dormir la mona a otro sitio!

Alguno se levantó de la tienda para comprobar qué sucedía y tropezó con otro legionario y éste le insultó. Entre los gritos del decurión y Aldín, por un lado, y la gresca armada dentro de la otra tienda, que acabó a puñetazos, el ruido se fue extendiendo y comunicando a las demás secciones del campamento. Los caballos también empezaron a relinchar, los cerdos a gruñir y los perros a ladrar. Todo el campamento, antes dormido bajo el manto de la noche, se llenó de imprecaciones, gritos y alboroto.

Un soldado del pretorio fue a avisar a Tacca.

—¡Despierta, oh, Tacca! El legado te llama.

El centurión, malhumorado, salió envuelto con la capa corta, a medio vestir, y se dirigió al pretorio, lugar situado en la plazoleta central del campamento donde el legado ocupaba su tienda.

El interior de la tienda del legado estaba totalmente iluminado. Había una bandeja donde se quemaba incienso y muchas lámparas de aceite. El legado Cayo Fabio necesitaba luz porque no veía bien. Era un hombre de cincuenta años y permanecía recostado en la litera. Una pareja de legionarios hacían guardia en la puerta; y Anfites, el griego, estaba sentado en un escabel.

—Duermes muy profundamente —reprendió el legado a Tacca—. ¿Qué es este ruido? Parece que todos los demonios estén dentro del campamento.

—Dormía, ciertamente, Fabio. Pero ahora voy a ver qué ocurre.

Anfites aclaró.

—El ruido procede de las tiendas de los auxiliares.

El legado movió con desgana la mano.

—Si es una pelea, mañana manda ejecutar a los culpables. No quiero ruidos de noche. Necesito dormir. ¡Oh, qué dolor de cabeza!

Tacca salió con presteza de la tienda y se llevó con él a dos soldados. Pasaron por la decumana, atravesaron dos calles más entre tiendas y equipamientos, y después de rodear unos carros, presenciaron un espectáculo tragicómico.

Ante la tienda del decurión, mientras los soldados sostenían con fuerza a Aldín para que no se escapara, Citus y el decurión discutían a voces.

—¡Te digo que el muchacho tiene razón. Habéis

cogido más caballos de los que dice el pacto de su pueblo con Roma! —gritaba Citus.

—¡«Hemos» cogido! —le corrigió Magnus, con la voz ronca del que ha bebido más de la cuenta—. Ya se ve que no te sientes soldado de Roma. ¡Bárbaro extranjero! ¿No sabes que ha escalado la pared del campamento? Si me dejaran, le cortaría la cabeza, te lo aseguro.

—¡Tú en seguida lo cortarías todo!—le respondió Citus.

—¡Y tú como eres tan bárbaro como él, le defiendes! ¡Haré que te partan la cara, bocazas!—gritaba el decurión, buscando con la mirada la aprobación de los soldados.

Los legionarios habían salido de las tiendas, y, superada la sorpresa, se reían y se guaseaban.

El centurión Tacca llegó impetuosamente y se plantó en medio de los escandalosos.

—¡Os las queréis ver conmigo! —amenazó.

Tacca sólo llevaba la capa corta y los otros dos le tomaron al principio por un soldado como ellos y le dejaron de lado dándole un empujón mientras pasaban de las palabras a los hechos, es decir, a los puños. Otros soldados intervinieron en el cisco, aumentando el ruido y la confusión.

Por fin, Tacca consiguió que viniesen más centinelas y puso paz. Pero el decurión Magnus tenía un ojo amoratado y Citus un buen arañazo en la mejilla.

Entonces, tras el incidente, se dieron cuenta de que Tacca en persona presidía aquel pacificado grupo y sintieron miedo, mientras el centurión con voz fría y reposada decía:

—Mañana por la mañana me vais a oír a mí. Me vais a oír reír cuando os corten las orejas por haber armado esta gresca. ¡No quiero que el legado Fabio me saque la piel a tiras! Quedáis arrestados. Mañana temprano se os aplicará el castigo correspondiente. Y tú, sobre todo tú, decurión, ¿qué ejemplo has dado?

El decurión se palpaba la nariz, comprobando la dudosa solidez de su hueso.

Con voz compungida preguntó:

—¿Puedo hablar, Tacca?

El centurión comprendió que Magnus estaba borracho y dio un suspiro.

—Di. Habla. ¿Qué ha sucedido?

—Te juro por los dioses que él ha empezado. Que yo sólo quería interrogar al muchacho y éste me dijo lo de los caballos; entonces, Citus ha empezado que si nosotros...

El centurión alzó la mano.

—Un momento. Un momento. ¿De qué muchacho hablas?

—De aquel ibero. Ha querido entrar a escondidas en el campamento.

El centurión Quinto Probus Tacca entrecerró los ojos para fijarse bien en el muchacho apresado por los soldados.

—¡Si es nuestro amigo Aldín!

Parecía haber tomado una resolución feliz.

—Vosotros dos salvaréis el pellejo, Tacca os lo promete —aseguró a Citus y al decurión—. Es decir, os haré azotar. Y para nuestro espía ibero, el chico orgulloso que protesta y dice a Roma lo que debe y no debe hacer... ¡la muerte! ¡Encadenadlo!

Los soldados obedecieron y ataron a Aldín a un poste.

—Vosotros —ordenó el centurión al sármata y al decurión—, cada uno a su tienda, y mañana temprano, ya lo sabéis, ¡lluvia de latigazos!

Después se acercó a Aldín. Le levantó la cara aplicando el puño a su barbilla.

—Tú no me conoces, Aldín. No me conoces. Que Júpiter haga que el legado no te perdone y así pueda verte callado para siempre.

«Puede que vaya en serio —pensó Aldín—. De aquí a mañana o huyo o no salgo vivo.»

Pero volvió a tratar de defenderse.

—Me han llamado ladrón —declaró.

—No te he preguntado nada —le cortó Tacca—. A callar.

—Yo sólo quería recuperar mi caballo...

El centurión dio media vuelta.

—¡Todo el mundo a las tiendas! —ordenó.

Y, flanqueado por los centinelas, volvió al pretorio.

Había novedades. Amanecía, y el legado ya estaba en pie y vestido. Tenía un papel en la mano.

—Han llegado informes —dijo—. Es preciso tomar decisiones importantes. Los otros jefes de manípulo ya han sido avisados. Hemos de partir cuanto antes. ¿Quieres que Anfites te lea el mensaje?

—Pero... ¿qué pasa?

Tacca no acababa de entender aquella prisa.

—Nada. Ha llegado un jinete con un mensaje mientras tú averiguabas aquel escándalo. ¿Qué era?

Un esclavo trajo agua. El legado se lavó las manos.

El centurión se sentó.

—¿Qué era? Un muchacho de la tribu de los iberos del poblado vecino que quería entrar en el campamento para recuperar un caballo requisado ayer tarde. Cuando se haga de día le mandaré matar.

El legado acabó de secarse las manos.

—No puedes —dijo.

Tacca contuvo un movimiento de impaciente rebelión.

El legado continuó.

—Te olvidas de que tenemos firmado un pacto con este pueblo. Ya sé que ayer tarde te apoderaste de todos los caballos, y ahora sería un deshonor para Roma el devolverlos. Pero lo que no puedes hacer es matar a ningún indígena. En todo caso, hazle esclavo.

—Y, ¿qué haré con un esclavo aquí en campaña?

El legado esbozó a medias una sonrisa.

—Es que todavía no lo he dicho todo. Tenemos que volver a Roma. Yo he de pasar por la Galia, pero tú embarcarás directamente. Encontrarás tus naves en Dertosa.

—¿A Roma? ¿Que vuelvo a Roma?

El legado asintió con la cabeza.

—Y con mis mejores informes. Puedes iniciar la carrera política que siempre has deseado. Y necesitarás buen servicio y muchos esclavos. ¿Qué opinas?

UNO LIBRE Y OTRO PRESO

A la mañana siguiente el aire era frío y cortante. La primavera estaba muy avanzada y muy pronto el deshielo haría crecer el volumen de las aguas del río. Así las ovejas podrían pastar a placer y habría más comida para los que se quedaban en el pueblo.

En el campamento la vida se reanudaba con nuevos bríos: el campamento debía quedar libre y había que dividir las fuerzas; el legado con la mitad de la legión, unos 1.700 hombres, se dirigiría a la cordillera pirenaica, mientras que Tacca, con la otra mitad, se encaminaría a Roma para ponerse a las órdenes del Senado.

Una de las primeras cosas que hizo el centurión Tacca fue acercarse a la tienda del decurión y ver cómo estaba el preso. Aldín no había podido dormir en toda la noche, atado como estaba al palo. El centurión estaba furioso porque el legado le había prohibido resolver las cosas a su modo.

Afortunadamente, se decía, podría llevárselo como esclavo. Ya le colocaría en Roma o en cualquier otro sitio de Italia donde le deslomaran trabajando de sol a sol, pues, ¿qué se había creído aquel orgulloso bárbaro?

Miró despectivamente al muchacho. La mirada de Aldín, sin embargo, no era de desprecio ni de odio. El centurión se echó a reír.

—¡Venga, valiente! Pídeme la libertad. ¡Suplica!

Aldín no contestó. Sólo le miró.

—No temas, no morirás —dijo Tacca—. El legado te ha salvado la vida. —Y añadió—: ¿Dónde están los otros dos camorristas?

Como movidos por un resorte, Citus y el decurión se plantaron ante él.

—Salimos para Roma —les anunció Tacca—. Me llevo a este ibero como esclavo.

—Y nosotros, ¿estamos libres de castigo?

—¡Oh, no, vosotros no! —contestó el centurión—. El decurión estará tres días sin beber vino, sólo agua.

—Por lo que más quieras, Tacca, no me hagas esto —dijo el borrachín.

—Y tú —siguió diciendo el centurión dirigiéndose a Citus—, recibirás veinte latigazos por lo que hiciste ayer, defendiendo al ibero.

Citus no lo pudo evitar. El centurión mandó que le ataran y le azotaran. No se quejó y hubo un momento en el que a Aldín, desde donde estaba atado, le pareció ver que sonreía. Qué raro. Aquel atleta no demostraba sentir dolor. Su rostro permanecía impasible.

El centurión ordenó que desataran al muchacho y le dieran agua. Después, junto a otros esclavos que llevaba la legión, iría, formando una cuerda, siguiendo la marcha del ejército.

—A ti, Citus, te desataremos ahora —dijo el centurión—. Y serás tú, precisamente tú, quien tendrá cuidado de que este elemento no se escape. Hasta que no formemos la cuerda de esclavos, respondes con tu cabeza si intenta algo.

Dio media vuelta y fue a disponer la partida de las tropas. Citus se sentó al lado de Aldín.

—Citus, me da mucha pena que te hayan azotado por mi culpa —dijo Aldín.

—No te preocupes —le contestó Citus—. Los que me han zurrado son amigos míos. No pegaban muy fuerte. Y además tengo la piel de elefante. Pero ahora, Aldín, debes prometerme que no tratarás de jugarnos una mala pasada.

—Lo prometo. No me perdonaría nunca que volvieras a pagar por mí.

—Lo que ocurre es que los romanos no tienen la menor consideración con los extranjeros, ¿sabes? Yo sí que tengo ganas de escaparme. Aquí no sirvo más que para arrancar árboles y enderezar carros volcados. Sólo me quieren por mi fuerza.

—Es que eres muy fuerte.

—¡Mucho! Una vez, en mi tierra, retorcí el cuello a un lobo como si tal cosa.

Aldín abrió unos ojos como platos.

—¡Por los dientes del oso! —exclamó.

Se oyeron trompetas. Vieron el séquito del legado que salía del campamento.

El decurión daba órdenes por los alrededores.

Cuando se acercó les dijo:

—He aquí las ventajas de ser extranjero. Ahorrarse trabajo mientras los legionarios arrimamos el hombro. ¡Te digo yo...!

—Tú calla y haz lo tuyo —le respondió Citus—. Y no me provoques.

—Nuestra pelea no ha acabado todavía —dijo el decurión.

—¡Hala, borrachín, que vas a estar a pan y agua! —se rió Citus.

Ya volvían a discutir.

Y así fue como Tacca, al frente de las tropas, dejando tan sólo una guardia en el campamento, emprendió la marcha que le llevaría a la playa de Dertosa, al río Iberus, desde el cual llegaría al mar.

¡Esclavo!, qué palabra más terrible para los oídos de Aldín. Sabía que Roma estaba llena de esclavos, que las granjas y las villas producían gracias al esfuerzo de los esclavos, que los molinos y los puertos estaban poblados de esclavos. Los había de muchas clases: Si eran inteligentes, y sabían de letras, solían hacer de secretarios, como Anfites, y de pedagogos, de maestros; en esto los griegos se llevaban la palma porque eran la gente más culta. Otros, si eran avispados y podían robar o hacer dinero, o recibían alguna ayuda de fuera, se convertían en libertos, que significaba un cambio de estado, es decir, pasar de esclavos a libres: así le ocurrió a Plauto, famoso autor de comedias. Finalmente había quienes toda la vida eran esclavos y no podían aspirar a nada más: no eran considerados más que como animales o cosas. Aldín se estremeció ante esta posibilidad. Sabía que si trataba de escaparse sería perseguido por todo el Imperio. Tenía que ser muy prudente.

La tropa pasó cerca del pueblo.

Los iberos se enteraron de que Aldín había sido apresado y que se lo llevaban. Por eso todos los habitantes salieron de sus casas y se congregaron al borde del camino para despedir a su amigo.

Aldín quería detenerse, pero la cuerda de esclavos continuaba marchando y, en sus esfuerzos, el muchacho cayó dos veces y volvió a levantarse, saludando con las manos alzadas y encadenadas. Las mujeres gritaban.

—¡Vuelve Aldín! ¡Que los espíritus maldigan a estos cobardes que te llevan!

—¡Vuelve Aldín! ¡Sin ti no somos nada! —clamaban los ancianos.

—¡Por el diente del oso! —gritó Aldín—. ¿No puedo pararme y abrazar a mis hermanos?

Se organizó un poco de jaleo entre los esclavos; los soldados les golpeaban para que siguieran andando, los carros que venían detrás les empujaban y Tacca retrocedió con su caballo para poner orden.

—¡Soldados! ¡Emplead las lanzas! —ordenó.

Ya los soldados acometían a los esclavos cuando Citus, separándose de su unidad, agarró el trozo de soga que ligaba a Aldín al preso de delante y de un tirón hizo detener toda la cuerda.

Entonces los vecinos del poblado avanzaron hacia Aldín, le abrazaron y le echaron flores.

—¡Fuera, fuera! —clamaban los soldados.

Tacca llegó al trote.

—¿Otra vez tú? —gritó, viendo a Citus sosteniendo la cuerda—. Atadlo a él también.

Mientras los soldados lo hacían, Aldín tuvo una alegría, una inmensa alegría: los caballos requisados la tarde anterior les adelantaron. Iban en manada, conducidos por un par de soldados que los llevaban del ronzal.

Citus trató de resistirse, pero no pudo hacer nada contra siete u ocho soldados que le unieron a la cuerda. Ya era un esclavo más.

Aldín vio a su caballo, a su querido tordo, y le gritó:

—¡Seru! ¡Seru!

El caballo levantó la cabeza. Había oído la voz de su amo.

«O ahora o nunca. Yo esclavo, pero él libre», se dijo Aldín.

Citus dijo:

—¡Aldín! ¿Qué te decía yo de los romanos?

Pero Aldín dirigiéndose al caballo seguía gritando:

—¡Seru! ¡Seru! ¡Escapa, Seru, escapa!

El caballo obedeció al punto. Pegó un estirón a la cuerda que le unía a los otros caballos. La cuerda no cedía. Los soldados que montaban los primeros caballos tiraban con fuerza.

—¡Seru, huye! ¡Escapa monte arriba! —gritaba aún Aldín.

Todos los esclavos alzaron la cabeza.

—¡Seru! —gritaron—. ¡Libérate, huye, escapa!

—¡Seru! ¡A las montañas y espérame! —clamó más fuerte Aldín.

El caballo se encabritó, hizo un supremo esfuerzo

y rompió la cuerda. De un par de saltos y coces se separó de la caravana y emprendió la fuga al galope.

El centurión Tacca, que lo había presenciado, acercó su caballo a Aldín y levantó un brazo armado de un corto y grueso látigo.

Cuando el látigo iba a caer sobre el muchacho lo impidió el brazo de Citus.

El látigo se enroscó en él y el centurión estuvo a punto de caerse del caballo. Citus levantó la cabeza.

—¿Acaso no debía de cuidar del prisionero? Por tanto, le cuidaré siempre mientras viva.

El centurión, rabioso, giró la cabalgadura y desapareció hacia la cabeza de la caravana.

Citus comentó, mientras toda la fila volvía a ponerse en marcha:

—No me importa, Aldín. Ahora ya somos esclavos los dos.

—No nos separaremos, ¿verdad Citus?

—No, no nos separaremos, si depende de mí.

Aldín movió la cabeza.

—¡Mira!

En la cima de una loma, recortándose su silueta sobre el cielo azul, Seru, el caballo libre, movía la pata como si despidiera a su amo.

—¡Ojalá pueda volver, Seru! —susurró Aldín.

Poco después Citus le preguntó:

—¿En qué piensas Aldín?

El ibero contestó con energía:

—¡Por los dientes del oso! Pienso que por lo menos uno de nosotros es libre. Al sol y al aire de la sierra.

EL VIAJE

Llegados a Dertosa embarcaron todos en birremes, embarcaciones de gran peso accionadas por remeros. El birreme en el cual embarcó el grupo de Aldín y Citus era de los llamados *nave longa,* es decir, muy grande. A los esclavos más fuertes los colocaron como remeros, y Citus se vio empuñando un remo y batiendo el agua al compás del cómitre, que llevaba el ritmo con un látigo. Si alguno de los remeros desfallecía era sustituido, pero en cuanto se rehacía volvía a sentarse en el banco.

Tacca viajaba en la misma nave, pero Aldín no le vio en todo el viaje. Al que veía a menudo era al decurión de las broncas con el sármata, quien cada vez que se encontraba con Aldín, le decía:

—¡Ni en el mar he podido librarme de ti y de Citus!

El decurión en el fondo no era mala persona, aunque tenía el vicio de beber demasiado. Pero su temor a Tacca le contenía y le había ahorrado muchos disgustos.

El decurión se llamaba Magnus y el nombre le iba porque era rechoncho. Tuvo especial cuidado de que Aldín fuera con los caballos, y el muchacho se pasó el viaje entre moscas y alguna que otra rata. Había dos esclavos más de las tribus moras, o sea del norte de África, de piel muy oscura, que estaban siempre callados y se entretenían cazando enormes ratas.

Una de las veces que Magnus entró a la cuadra, situada en la proa de la embarcación, Aldín le dijo:

—Magnus, ¿qué harán con nosotros cuando lleguemos a Roma?

Magnus le miró de arriba abajo.

—¿A Roma? ¿Y yo qué sé lo que os puede pasar? Si servís para trabajar Tacca os venderá a algún ricachón, y si no servís... ¡cualquiera sabe! ¿Tienen agua los caballos?

—Se nos está acabando —dijo Aldín.

—Cuando lleguemos a Massilia cargaremos.

El agua de los caballos iba en unos bidones que habían llenado en Dertosa. También servía para dar de beber a Aldín y a los otros esclavos que no remaban.

La travesía duró seis días y en alguno de ellos el calor fue agobiante. Aldín esperaba llegar a Roma. Iba como esclavo, pero, al propio tiempo, ver la capital del mundo era también una aventura.

Dos días antes de la fecha en que Aldín había oído decir que llegarían al puerto de Roma, oyó gritos y espió a través de una grieta de las maderas. Otra nave pasaba muy cerca de su birreme. Y los hombres de una y otra embarcación se saludaban.

—¿Qué tal por Roma? —preguntaban unos.

—¡Mucha gente! ¿Venís de Hispania? —indagaban, gritando, otros.

—Tierra de conejos —decían los de la nave de Aldín.

—En Roma hay mucho jaleo.

—¡Aooh! —exclamaban los cómitres.

Las naves se separaron de nuevo.

Aldín volvió con los caballos. Eran «sus» caballos y los quería. Les pasaba la mano por el cuello y ellos le conocían. Faltaba, sin embargo, el gran Seru, su tordo, ya en libertad.

—O poco he de poder o algún día volveré a mi tierra, libre, y criaré caballos —se decía Aldín.

La víspera de llegar a la desembocadura del río Tíber, que hacía de puerto de Roma, Aldín pidió a Magnus que le dejara salir a cubierta. Magnus accedió.

—De acuerdo, pequeño, ya que aquí no puedes escaparte. Te dejo ir durante una hora nona, pero después vuelve a entrar y quieto aquí.

—Magnus, ¿qué harás en Roma? —le preguntó Aldín mientras subía a cubierta.

El decurión se restregó la nariz.

—Yo quisiera retirarme. Pero si lo hago no dejarán que me quede en la ciudad: me darán una tierra en provincias.

—En lugar de irme de esclavo con un ricachón, preferiría ir con alguien que conociera, por ejemplo, tú.

—Tacca decidirá. Y te la tiene jurada, pequeño. Seguramente te llevará donde pueda ajustarte las cuentas a menudo. No te hagas ilusiones.

Aldín, en cubierta, apoyado contra unas cuerdas, contemplaba los cuerpos sudorosos de los esclavos que empuñaban los remos. Sobresalía la cabeza de Citus, que parecía estar menos cansado que los otros. Todos eran esclavos, pensó Aldín, pero aquéllos más que él porque aún no estaba encadenado ni tenía que remar.

¡Esclavo! Todavía le resultaba una palabra extraña. Aldín consideró que sabría toda la amargura que eso significaba cuando estuviera días y días bajo un amo cruel. ¡Si al menos pudiera estar con Citus!

El calor era sofocante, las moscas innumerables y las gaviotas alborotaban volando en círculo constantemente en torno a la nave. Algunas emprendían vuelos más largos hasta la costa.

Empezaron a caer unos goterones y Aldín tuvo que volver con los caballos al hediondo cobertizo. Por vez primera le molestó el olor de la paja, del aire enrarecido, después de haber aspirado el limpio aire de cubierta. Pensó en Citus y se alegró al imaginarse su espalda musculosa refrescada por el chaparrón que caería.

Después se sumió en un dulce sueño, mecido por la embarcación y acariciado por la idea de que una nueva vida se abría ante él.

Le despertó un griterío ensordecedor. Se incorporó y se dio cuenta en seguida de que la nave no se movía. Habían llegado a puerto. Los dos esclavos moros habían desaparecido. Abrió la portezuela y salió a cubierta. Dos legionarios le cerraban el paso en la pasarela tendida a lo largo de la nave.

El espectáculo era magnífico. Una especie de humareda, como una cortina, se extendía tierra adentro y todo el puerto era un hervidero de soldados y descargadores, gentes y carros.

Unos esclavos, a las órdenes de Magnus, ponían unas planchas para que los caballos pudieran desembarcar. Aldín recibió órdenes de llevarlos a tierra y le ayudaron los dos silenciosos moros que habían vuelto a aparecer. Cuando los caballos estuvieron en tierra, le obligaron a ponerse en fila con otros esclavos. Ya habían formado los grupos: él se encontraba entre los más pequeños y débiles. Citus estaba muy lejos con un grupo de hombres fuertes. Unos soldados les encadenaron las manos y así quedaron a la espera.

Mercaderes y comerciantes cerraban tratos unos con otros y desde la orilla del río en la que se encontraba, podía ver unas casas, unos almacenes, más allá un monumento y unas tabernas donde entraban y salían hombres.

El centurión Tacca se acercó a su grupo.

Señaló a Aldín con el dedo.

—Desatadme a éste.

El muchacho salió pronto de la fila. Tacca encargó a dos soldados que le vigilaran para llevárselo después.

Le quería como esclavo. Estaba claro.

Dos horas más tarde, cuando el sol ya estaba muy alto en el cielo, Tacca volvió a aparecer y ordenó a Magnus que se llevara a dos esclavos a un lugar que Aldín no pudo oír.

Aldín sería uno de ellos.

El otro esclavo que se le unió era un muchacho algo más joven con cara de susto.

—No tengas miedo, hombre —le dijo Aldín para animarlo.

Pero cuando bien atados uno a otro fueron cargados en una carreta conducida por un tipo huraño, y vio que Magnus subía también, que los caballos quedaban atrás y no volvería a verlos más y que también Citus se quedaba en el otro grupo, los ojos se le llenaron de lágrimas.

—Nos matarán a garrotazos —dijo el otro esclavo.

—¿De dónde eres? —le preguntó Aldín.

El otro no lo sabía. Probablemente había sido arrancado de algún lugar de la Galia o de la misma Italia. Quizá los soldados, en una guerra lejana le habían apresado con toda su familia y ahora el resto de sus miembros estaría disperso por aquí y por allá.

Magnus se había repantigado contra unos sacos y miraba a los adolescentes con ojos entornados.

—Muchachos —dijo—, me parece que habéis tenido suerte. Vais a Villa Sturia, al septentrión, cerca de Roma. Buena tierra. Es propiedad de Tacca. Al menos no estaréis entre rejas. Trabajaréis en el campo, eso es todo.

—¿Y no veremos Roma? —preguntó Aldín.

—¡Por Júpiter que sí! Yo paso por el mismísimo centro de Roma aunque sea en carreta. ¡Ah! Y la gente dirá: ¡Ahí va Magnus, el gran guerrero!

Y se daba tales palmadas en el pecho que resonaba como un tambor y metían más ruido que la propia carreta.

Así llegaron a una colina y ante sus ojos se ofreció, dividida en dos por el Tíber, la gran ciudad de Roma. Blanca y dorada, luminosa y miserable, llena de gente, de plazas, de fuentes y estatuas.

Aldín, instintivamente, agarró su amuleto.

Roma. Su enemiga, pero bella, grande, soberbia.

Pasaron efectivamente por el mismísimo centro de Roma, y Aldín pudo contemplar las calles llenas de gente, la multitud de mercadillos con toldos cayendo sobre los puestos y las casas de pisos que nunca pudo imaginar. De vez en cuando una carreta pasaba lentamente; o bien, al trote, unos soldados montados en sus caballos. Cada vez que veía caballos, Aldín pensaba en el suyo, en Seru. Posiblemente en su pueblo nadie le recogería y se convertiría en un caballo libre, montañas arriba. Una secreta y oculta esperanza le decía que él podría volver a su tierra y encontrarlo todavía.

La carreta se detuvo en una pequeña plaza. El conductor, sudoroso, habló con Magnus y éste saltó del vehículo y se metió en un oscuro portal.

Caía el sol de plano. Los dos jóvenes esclavos, atados uno al otro, se miraban de vez en cuando.

Aldín pensó que su compañero, que no sabía ni su propio nombre, necesitaba ayuda y se acercó más a él.

—Te tendremos que poner un nombre, ¿no? ¿Cuál te gustaría?

—No lo sé. Yo no sé nada —dijo el otro.

Era un mozalbete débil, lleno de granos y con unos pies grandes, abultados y descalzos. Iba más sucio que un carbonero.

—¿Qué sabes hacer? ¿No sabes hacer nada? Yo sé montar caballos, domesticarlos y cazarlos por los montes —declaró Aldín.

—Tú pareces un príncipe —respondió el otro bajando los ojos.

—No digas eso. Todos servimos, ¿no? Todos somos útiles para esto o lo otro —continuó Aldín.

—Yo no sé... no recuerdo nada. Hace muchas lunas que viajo, siempre encadenado. Sé que estaba en Dertosa, pero ya antes me habían embarcado...

El conductor de la carreta repasaba, un poco agachado, las ruedas del vehículo. Le caían hasta el suelo las gotas de sudor.

Aldín, acercándose con dificultad a un lado, cogió unas briznas de alfalfa de uno de los haces y se las metió en la boca.

—Verás; si estamos juntos te enseñaré a hacer cosas. Tienes que comer, no sólo lo que nos den, sino lo que robemos.

—¿Robar? —dijo el otro temeroso.

—¿Por qué no? Estoy seguro de que no nos darán demasiada comida. Yo, al menos, me espabilaré para encontrarla. ¡Ah! Te aseguro que no voy a morir de hambre.

El conductor parecía buscar algo por el suelo.

Levantó la cabeza.

—¡Eh, vosotros! ¿No hay por ahí un trozo de later?

—¿Later? ¿Qué es eso? —dijo Aldín, un tanto guasón.

—¡Largo de aquí! —le empujó el conductor.

Trepó a la carreta, rebuscó por el fondo y sacó un ladrillo.

—¿Esto es un later? —le preguntó Aldín.

El otro ya había bajado de un salto.

—Sí... —gruñó, muy atareado.

Calzó la rueda con el ladrillo y después apalancó con una barra de hierro uno de los radios. Manipuló con fuerza y destreza, sudando cada vez más. Después, asegurándose de que los muchachos estaban bien atados, se alejó del carro y fue a una fuente que había en una esquina de la plaza.

Pasaron unos soldados que estaban fuera de servicio y se quedaron mirando unos instantes a los dos muchachos. Después siguieron su camino, pero al llegar a la calle del fondo de la plaza, tuvieron que apartarse porque venía una comitiva: una adornada litera con una dama recostada en ella, unos esclavos con sombrillas y unas jóvenes a pie.

—¡Mira, una dama! —dijo Aldín incorporándose.

Su compañero parecía dormido.

—¡Eh, tú, despiértate!

Pero el muchacho estaba desvanecido a causa del sol.

Aldín voceó hacia la fuente.

—¡Eh! ¡Conductor! ¡Conductor!

Como había gritado fuerte, y por aquella plaza pasaba poca gente, la voz resonó. Hasta los soldados volvieron la cabeza. La comitiva avanzaba lentamente. Los cuatro hombres que llevaban la litera tenían la piel oscura de los norteafricanos.

El conductor, que se refrescaba en la fuente, ni se volvió.

—¡Trae agua! ¡Este chico está mareado!

Y sostenía la cabeza de su compañero con el hombro porque no podía desatarse las manos.

La comitiva se detuvo a un ademán de la dama. Después de unos momentos una de las muchachas que la rodeaban se acercó a la fuente y llenó una jarrita de agua. El conductor, ya refrescado, volvía. La muchacha se acercó a la carreta con la jarra alzada para ofrecérsela a los chicos. El conductor quería impedir que les diera de beber, pero la dama, desde la litera, ordenó lo contrario. El conductor agachó la cabeza con una brusca reverencia.

Aldín cogió la jarra con las manos atadas y vació el contenido sobre la cabeza y la cara de su compañero, que volvió en sí poco a poco. Después devolvió la vasija a la muchacha.

—¿Sois esclavos? —dijo ella.

—Por ahora... —contestó Aldín.

—¿Adónde os llevan? —se entretenía envolviendo la jarra en el delantal.

—A Villa Sturia.

—¿De verdad? —A Aldín le pareció que la muchacha se alegraba.

Y añadió.

—¿Cómo os llamáis?

—Yo, Aldín. Éste...

Pensó que su compañero no tenía nombre, pero hubiera sido demasiado cruel no decir ninguno. Por eso, recordando la última palabra nueva que había oído, afirmó:

—Éste se llama Later.

La muchacha se alejó hacia la litera y el cortejo prosiguió su camino.

Aldín se quedó algo pensativo. Después se dirigió al conductor.

—Te he pedido agua y no me la has traído. Este chico, Later, estaba desmayado. ¿Es que no te gusta hacer favores?

El conductor escupió en el suelo.

—Esclavos... —gruñó—. No sé para qué servís.

Cogió un palo con el que aguijoneaba a los animales.

—¡Y si seguís hablando os parto un hueso!

Aldín protegió con su cuerpo el de Later, y pensó fugazmente en la paliza que Citus habría dado a aquel conductor tan brutal. Afortunadamente, antes de que el palo golpeara a Aldín, el decurión Magnus salió de la taberna.

—¡La hermosa fuente está aquí dentro! —gritó—. ¡Qué vino! Digan lo que digan, nada mejor que una taberna romana. ¡Vamos, vamos! Hacia Villa Sturia. ¡Ojalá pudiera quedarme en Roma!

Montó en la carreta y se apercibió de la cara de Later.

—¿Qué ha pasado? —preguntó.

—Later no se encontraba bien. Quizá el calor —aclaró Aldín.

—¿Te llamas Later? Bueno, bueno... ¡En marcha, tú!

Pero no comentó el calor que los dos chicos habían pasado. Para él los esclavos no valían nada. Así los consideraban.

Continuaron el viaje a través de la ciudad y a Aldín le impresionaron el Foro, las estatuas y los hombres togados que salían de las termas.

Contó a Magnus que una dama había ordenado que les dieran agua y Magnus se echó a reír.

—¿Una dama? ¡Te ha dado el sol de firme! Una dama nunca se habría detenido por ti, microbio. Calla ya de una vez.

Dio un par de extraños ronquidos y bostezó.

—Sabes el camino, ¿verdad? —preguntó al conductor.

Éste respondió con un gruñido.

Cinco calles más allá, Aldín vislumbró la comitiva de la dama.

—¡Magnus! ¿Ves aquella dama de la litera?

—Sí. ¿Aquélla?

—La misma. Pues es la que mandó que nos dieran agua.

—Si me la hubieran dado a mí lo habría pasado fatal. Aldín, a mí eso del agua no me va. Lo comprendes, ¿verdad?

La dama había bajado de la litera y acompañada de las muchachas entraba en una casa, una bella construcción con dos falsas columnas a los lados de las puertas.

De repente, el compañero de Aldín dijo:

—Later.

—¿Qué dices?

—¡Later! Mi nombre es Later, ¿me oyes?

—¡Claro que te oigo! Has recuperado la voz, ¿eh, amigo?

—Es bueno tener un nombre.

Aldín estaba contento porque veía que su amigo también lo estaba.

—Magnus... —dijo al poco.

Magnus le miró de reojo.

—¿Para qué sirve un later?

—¿No lo has visto? Es un adobe, una baldosa. Sirve para hacer casas.

—Nosotros las hacíamos de piedra.

—¿Dónde? ¿Allá, en tu pueblo?

Callaron. Cada uno pensaba en sus cosas. Magnus en el vino que bebería por la noche, Aldín en sus campos, sus caballos y su libertad perdida, y Later en su nombre recién estrenado.

Mientras, la carreta abandonaba Roma y se perdía entre unos campos encharcados y malolientes.

FULVIA

Por fin llegaban a Villa Sturia. Desde un pequeño altozano, vieron una extensión de tierra y al fondo unos cuantos pinos y encinas. Más allá, una hilera de álamos indicaba la presencia de un riachuelo.

Distinguieron diversas casas y cobertizos. En un lugar algo más elevado estaba la casa de los señores, con jardines rodeados de un muro de piedra.

—Esto debe de ser Villa Sturia —comentó Aldín.

Volvió la cabeza hacia su compañero. Pero Later se limitó a encogerse de hombros como diciendo: «y a mí, ¿qué?».

Continuaron descendiendo, al sol del atardecer, por un camino de tierra cercado de encinas enanas.

A lo largo del trayecto veían hombres que transportaban espuertas y haces de forraje.

—¿Lo ves? —dijo Aldín—. Apostaría a que son esclavos. Tienes que aprender lo que yo ya he aprendido: aquí en Roma sólo trabajan los esclavos.

Later hablaba en un idioma extraño.

—¿Qué dices? —preguntó Aldín, al oírle musitar.

—Nada, hablaba.

—Ya lo he oído. Eso quiere decir que recuerdas alguna cosa. Tú eres de un lugar determinado, como yo. Realmente, yo todavía puedo hablar en mi lengua, pero todos nosotros sabemos ya el latín. Y veo que tú sólo lo hablas un poco.

—Me hago entender. «Pan», «sueño», «trabajo», «cerca», «lejos», «agua», «no sé», «ahora», «andar».

—Cuando digas mal alguna cosa yo te corregiré. ¿Te parece bien?

Later afirmó con la cabeza. Después sonrió y pareció prestar atención al espectáculo de la villa, ya muy cercana.

A doscientos pasos de la entrada de la finca, Magnus saltó del carruaje y empezó a caminar al lado. El conductor espoleó al caballo para hacerle llegar antes.

Unos trabajadores y unas mujeres que amontonaban los haces en un cobertizo detuvieron su trabajo para contemplarlos.

Entraban en el patio anterior a la villa, cuando salía un hombre flaco y menudo tocado con un gran sombrero y empuñando un pequeño bastón.

—¡Ave, Clito! —saludó Magnus—. Ya hemos llegado.

Clito miró de arriba abajo a Magnus con sus oscuros ojos.

—Debíais haber llegado a la hora tercia. Y os

habéis retrasado. Y todo por culpa tuya. Se lo diré a Tacca.

—Hombre... —empezó Magnus. Pero Clito se lo quitó de delante con un enérgico empujón.

—Trabaja y no hables. Eres un inútil. Todo el mundo lo sabe. ¡Venga, descargad!

Con un par de golpes a las varas del carro despertó al conductor, que bajó del carro de un salto, y de un zarpazo, agarró a Aldín por el brazo y le tiró al suelo. El muchacho arrastró en su caída a su compañero Later.

Todos callaban. Los obreros reemprendieron, aunque lentamente, su trabajo. Magnus ayudaba al conductor a descargar los sacos. Clito gritó:

—¡Magnus! Desata a estos renacuajos y que trabajen.

Magnus desató a los muchachos, aún en el suelo como consecuencia de la caída.

Una carcajada aguda y agresiva rompió el silencio. Se había oído lejos, pero parecía extrañamente cercana. Aldín volvió la cabeza y vio a una chiquilla en lo alto de la explanada donde se alzaba la casa. Seguramente era ella la que se había reído. Sin duda al verles caer del carro.

Aldín vio ante sí el látigo de Clito.

—Tú, esclavo, ayuda. Tú quédate donde estás.

La segunda orden era para Later, que se restregaba un pie dolorido.

—¡Venga!

Aldín ayudó febrilmente al conductor y a Magnus. Éste en seguida dejó de trabajar y se fue a hablar con Clito. A su vez, Clito no dejaba de observar a Aldín.

—Ya lo sabía, ya. Pero no adivinaba cuál de los dos era.

«Seguro —pensó Aldín—. Magnus le ha dicho que yo era aquel a quien Tacca quería martirizar.»

Habían acabado de descargar. Clito hizo una señal a una de las mujeres.

La mujer se acercó. Iba descalza y sucia.

—Este muchacho, al servicio de Fulvia.

La mujer echó a andar y Aldín recibió un empujón indicándole que debía seguirla.

Se alejaron de la casa por un sendero entre huertas. Había un pozo con brocal de piedra y un cilindro de madera con una soga de cáñamo. Aldín andaba detrás de la mujer y agradeció la sombra de los primeros árboles. De repente, la mujer, en un recodo del camino, se detuvo junto al tronco de una encina.

Miró a Aldín medrosamente.

—¿Hace mucho que eres esclavo? —preguntó.

—Poco: el viaje. Vengo de la tierra de los conejos.

—He oído hablar de ella. Yo soy de aquí. Y tengo dos hijos que trabajan también en esta villa. Si se trabaja en el campo se está bien. Sin embargo, tú...

—Yo, ¿qué? ¿No voy a trabajar en el campo?

—¿Es que no lo has oído?

Se agachó y de debajo de unas matas que la ocultaban sacó una jarra y dio de beber a Aldín. Cuando acabó...

—Lo has oído, ¿verdad? «Al servicio de Fulvia.» Es el peor trabajo de todos.

—¿Qué es Fulvia?

—Quién es, querrás decir. ¿No has oído una risa, antes?

Aldín afirmó lentamente con la cabeza. Pensaba.

—Serás uno de los criados de Fulvia, la hija de Tacca. Es la criatura más mala que existe en el mundo. Tiene en el cuerpo todos los malos espíritus.

—Yo no me asusto fácilmente, pero, en fin, si tengo que servirla haré lo que me manden.

—Es que te mandará cosas terribles.

Aldín se echó a reír para darse ánimos.

—No me importa. ¿Cómo es? ¿Es muy fea, tremenda y grande como un gigante?

—¡Qué va! Es una niña. Pero aquí manda más que su padre, el centurión. Y procura que el primer día no ordene que te den quince latigazos. Mira, te voy a dar un consejo. No te fíes de ella. Hazte el insignificante, el humilde y simula que tienes miedo.

—Esto no lo he hecho nunca. Si hay que trabajar, trabajo; pero no tengo miedo a nadie.

La mujer volvió a esconder la jarra.

—¿Cómo te llamas?

—Aldín.

La mujer le acarició el pelo rizado.

—Yo ya te he advertido.

Después...

—Pareces un príncipe.

Lo mismo que le había dicho Later. Aldín, algo receloso a pesar de que pretendía sentirse optimista, siguió andando tras la mujer. Llegaron a la residencia del señor.

Era una casa cuadrada pero con unas tapias por detrás que indicaban el jardín posterior. En la entrada, no muy amplia, había un mosaico pequeño en el suelo que representaba a un can y la inscripción «cuidado con el perro». Aldín pensó que si todos los perros eran pintados no había peligro.

—Espérate —ordenó la mujer.

Y asomando la cabeza por la puerta entreabierta llamó a alguien.

—Ahora saldrán las criadas y te llevarán dentro.

Pero no hubo lugar a ello.

Oyeron una risa a sus espaldas. La misma de antes, mitad infantil, mitad amenazadora. Aldín se volvió, olvidando la recomendación de no levantar la vista.

Se encontró ante una adolescente de unos catorce años, alta, vestida con una túnica larga y calzada con sandalias. La túnica era blanca y las sandalias doradas. El pelo rojizo recogido con una cinta. Pendientes grandes. Y unos ojos claros: redondos y fijos.

Cuando Aldín se volvió ya no reía.

—¿Qué miras? —preguntó Fulvia.

—¿Eres tú la que reías? —inquirió a su vez Aldín.

Fulvia se puso las manos atrás.

—Tú debes de ser bastante estúpido.

Aldín no respondió.

—¿No sabes que a los que miran les sacan los ojos?

Aldín presintió que habría guerra.

—¿Y a los que hablan con altanería les pueden cortar las manos?

Aldín pensó que la muchacha era una deliciosa carnicera.

—Yo he venido porque dicen que estoy a tu servicio. Si te dignas mandarme algo, te obedeceré.

Fulvia parpadeó un momento.

—Veo que sabes hablar. ¿Eres griego?

—Soy de una tierra mejor.

De repente Fulvia pareció darse cuenta de la mujer que había acompañado a Aldín.

—¡Fuera de aquí, esclava inmunda!

Y agachándose, cogió un pedrusco y lo lanzó en dirección a la mujer, que escapó.

Se volvió hacia Aldín. En la puerta habían aparecido dos criadas.

—¿Una tierra mejor? ¿Mejor que ésta?

—Para mí mejor que todas.

—¡Échate!

—¿Cómo?

Fulvia alargó una mano y una de las sirvientas le ofreció acto seguido un látigo corto de cuero. Y ordenó:

—¡Échate al suelo, como un perro! Lámeme las sandalias.

—Niña, niña... —suplicó una de las criadas, la de más edad.

—¡A tierra! —bramó Fulvia.

Aldín no se movió. Siguió plantado como una estaca. Fulvia parecía estar a punto de darle un latigazo con los nudillos blancos, debido a la presión que ejercía con los dedos. La boca se le contrajo y, tirando el látigo, respiró hondamente y advirtió al muchacho:

—¿Tú sabes quién es mi padre? ¡El centurión Tacca! Mañana vendrá y te arrancará la piel a tiras. ¡Te echará a los jabalíes para que te destrocen!

Y dirigiéndose a las criadas, dijo:

—¡No quiero verle! ¡Que le encierren!

Dio una carrerilla y se metió en la casa. Y detrás de ellas las sirvientas.

Aldín permaneció quieto unos segundos, con la mirada fija en la puerta.

Después vio llegar por un lado a dos hombres con túnicas cortas que le empujaron hacia un cobertizo situado cerca del ala derecha. Era una simple cabaña, pero bien construida con bloques de piedra. No tenía puerta. Dentro, un jergón de paja y una cadena remachada en la pared.

Aldín alargó una mano y quedó sujeto a ella.

Cuando los hombres se fueron, buscó con la mirada si había agua o algo de comida. No había nada. Escarabajos y hormigas que caminaban lentamente.

Fulvia. ¿Era realmente tan terrible como le habían dicho?

Se durmió con la mano libre encima de la cadena, como si estuviera acariciando aquel símbolo de esclavitud, y entre los dientes el amuleto de hueso de vaca.

CONVERSACIONES EN ROMA

Tacca se había despedido de las cohortes en el puerto de Roma. En el camino hasta la ciudad sólo le acompañaban los hombres de armas más allegados a él. El resto de sus soldados se había ido con otro centurión en busca de los acuartelamientos al sur de la ciudad.

Tacca hizo su entrada en Roma a caballo. Inmediatamente fue a ver al senador Flavio, amigo suyo, y empezaron a hablar de la situación política. Tacca era ambicioso y quería que le nombraran legado. No le importaba que le enviaran a Germania o a Partia, dondequiera que fuese, siempre que ostentara un grado más en el ejército.

—Te conviene quedarte en Roma una temporada —le aconsejó Flavio—. Ésta es la cuna del Imperio.

Conviene que te vean, que vayas a las termas, que te pasees por el Foro y que asistas a las fiestas y al anfiteatro. Aparte de la Villa Sturia, ¿qué más tienes? ¿No tienes ningún negocio en Roma?

—No, en la ciudad ninguno. Tuve un negocio de pescado durante un tiempo, hace ya dos años. Lo llevábamos a la basílica Vetera, y tenía como socio un pescador de...

—Déjate de negocios de pescado. Aquí lo que se lleva ahora son las carreras en el circo, el anfiteatro...

Tacca quedó pensativo.

—¿No has ido a tu casa? —le preguntó Flavio.

—Todavía no. He enviado a Anfites, mi esclavo griego, para anunciar mi llegada.

—Mira, te diré lo que vamos a hacer; márchate a tu casa, que te perfumen y que tu mujer te vea, y después, al mediodía, nos vemos en las termas. Allí hablaremos con más gente y quizá encontraremos algo para ti.

Tacca se mostró de acuerdo. Mientras iba hacia su casa los soldados de su guardia personal se dispersaron por Roma para hacer presente a todo el mundo la llegada del guerrero. La verdad es que apenas les hacían caso, porque un centurión no era un censor, ni un legado, ni un tribuno, pero Tacca les había encargado que hablaran mucho de él.

Mientras tanto, Flavio se puso en contacto con diversos hombres de negocios, contratistas y constructores y con los empresarios del anfiteatro.

Tacca fue muy bien recibido en su casa; y su mujer, Aricia, se apresuró a felicitarle por sus éxitos militares.

—Mujer —le dijo—. Me han dicho que me conviene tener algún negocio en Roma. Mañana quiero ir a Villa Sturia. ¿Está allí Fulvia?

—Se fue hace trece días. Yo me he quedado para esperarte.

—Volviendo a lo del negocio: ¿qué se dice por ahí?

—Ahora la gente va mucho al anfiteatro. Cada diez días, aproximadamente, hay espectáculo. En especial animales, pero también gladiadores.

—Gladiadores...

—Algunos se han hecho hasta famosos.

—Esclavos, ¿verdad?

—La mayoría. ¿En qué piensas?

—Pienso que he traído unos esclavos que no sirven para nada. Los hispanos son pequeños y rebeldes.

Cuando salió, lo hizo en compañía de Anfites. Y ambos fueron a las termas. Anfites se quedó en un patio donde encontró a otros griegos, mientras Tacca entraba en el tepidarium para reunirse con Flavio.

—Ya lo tengo —dijo éste—. Deberías quedarte con la contrata de gladiadores de Máximo.

—¿Es que Máximo cesa? —preguntó Tacca.

Máximo era un renombrado empresario de espectáculos de gladiadores, y su escuela se había hecho célebre.

—Es que ha perdido dinero. No mucho, pero el refuerzo de un socio como tú sería muy bien acogido. He hablado con dos senadores y alguien más. Si quieres iremos a ver al césar.

—Supongo que esta tarde me recibirá. Lo pensaré.

—Mira, se trata de que aportes algún sestercio y aumentes la plantilla de gladiadores de Máximo. ¿No has traído ningún esclavo que pueda servir? Los extranjeros, en general, son buenos gladiadores.

Tacca volvió a quedarse pensativo. De repente cogió a Flavio del brazo.

—Calla: he tenido en el campamento un auxiliar

que quizá pueda valer. Es un sármata. Los demás... un mozalbete de la Tarraconense tan orgulloso que no sé cómo no lo he hecho trizas, pero es un chiquillo. El sármata se llama Citus.

—Tú verás. ¿Vienes a la piscina?

El césar los recibió por la tarde, acompañado de un edil, encargado de los espectáculos en la ciudad de Roma.

El emperador escuchó los proyectos de Tacca después de felicitarle por las campañas militares.

Tacca, a su vez, completó la explicación de sus propósitos.

—Incorporaré tres o cuatro gladiadores más al equipo. Volveremos a poner de moda las luchas de reciarios y mirmillones.

—Eso le gustará a la gente. Hazlo.

—Es decir, no tantos animales, no tanto luchas de hombres contra toros y de panteras contra jabalíes, sino de hombres contra hombres. Esto recordará al pueblo que Roma está perpetuamente en guerra.

—¿Y el dinero?

Tacca dijo la cantidad que podía aportar y prometió contribuir también con toda la cosecha de trigo de Villa Sturia. El césar accedió.

—Dentro de dos días tendrás la contrata. Se lo anunciaré a Máximo. Pero tú vete a verle y mira cómo marcha su escuela.

A la salida Tacca llamó a Anfites.

—¡Griego del diablo! ¿Ya has criticado suficiente?

—Sólo he hablado bien de ti, Tacca.

—Lo dudo. Oye, anuncia a Máximo, el de la escuela de gladiadores, que iré esta tarde. Que me quedo yo con la contrata y él será el entrenador.

A la hora de comer, Aricia contó a su marido las fechorías de Fulvia.

—Si han llegado esclavos nuevos a Villa Sturia,

esta niña les va a hacer pasar por las horcas caudinas —comentó.

—Me gusta que tenga carácter.

—¡Por los dioses, Tacca! Es tu hija y a veces me avergüenzo de que también lo sea mía.

Tacca se echó a reír.

—¿Y qué, si martiriza a los esclavos? En Roma sólo pueden ir las cosas bien si somos nosotros los que mandamos siempre. Que haga lo que quiera con los esclavos.

—A mí, a pesar de todo, los esclavos me dan pena.

—¡Aricia! ¡Cualquiera diría que eres cristiana!

—No hace falta serlo. Mira, esta misma mañana, he visto dos mozalbetes atados en un carro, bajo el sol, muertos de sed. He mandado que les dieran agua. Por cierto que la criada que se la ha llevado dice que uno de ellos le contó que los conducían a la villa.

Tacca se estaba lavando las manos en un aguamanil. Apartó de un manotazo la vajilla y clavó la mirada en Aricia.

—¿Dos mozalbetes? Entonces sí, Magnus los llevaba a la villa. Y le he ordenado que uno de ellos pase al servicio de Fulvia. Es un ibero rebelde que conviene que le midan las costillas a trallazos. ¡Debías haberlos dejado morir de sed! Pero no sufras. De este esclavo se encargará Fulvia. Ella sabe más que Clito y los soldados. ¡Tener compasión de los esclavos!

Cuando Tacca se fue, Aricia permaneció un rato tendida en el triclinio. Llamó a una criada y le anunció que al día siguiente quería ir a Villa Sturia. Quería ver cómo se portaba su hija y qué pasaba con los muchachos esclavos. Poco podía hacer ella sola, pero aún era la mujer del centurión.

—No me gustan estos gladiadores —dijo Tacca.

Él y Anfites paseaban por el patio de la escuela de Máximo. Unos quince gladiadores se entrenaban. Unos corrían, otros hacían esgrima con largos y pesados palos de madera de encina, los últimos saltaban sobre las espaldas de los compañeros. En un rincón dos gigantones boxeaban con las manos protegidas con vendajes de cuero.

—¿Por qué no te gustan? —preguntó Máximo.

Era un hombre gordo, con un vientre prominente y los antebrazos cubiertos de brazaletes de cuero.

—Parecen títeres. Tendrías que ir una temporada a la legión, Máximo. Ya que vamos a ser socios te diré que cualquiera de mis soldados es más ligero que estos elefantes.

—¡Si no los has visto luchar...!

—Se nota que no saben moverse. Mira, escoge diez y llévamelos a Villa Sturia una semana. Allí les entrenaremos bien. Te los dejaré como nuevos. Con esta gente hay que tener una disciplina militar. Dentro de un mes pondremos el primer cartel en el anfiteatro. ¿De acuerdo?

Los gladiadores dedicaron a Tacca sonrisas de hiena porque no querían salir de Roma y porque Tacca tenía fama de hombre duro. Sólo se regía por la férrea disciplina del ejército. Pero eran unos mandados y tenían que obedecer.

Tacca se volvió hacia Anfites.

—Tú: ve enseguida a los acuartelamientos del mediodía y di que me envíen a Citus. Ya le conoces.

—Buen guerrero. Y noble.

—No te he pedido tu opinión. Mañana los soldados lo llevarán a villa Sturia. Haré de él un gladiador.

Anfites miró sus brazos delgados y huesudos y pensó para sí: «¡De buena me he librado!».

GLADIADORES EN VILLA STURIA

Aldín había pasado toda la noche en aquella cabaña con olor a cabra y estiércol.

Al amanecer llegaron otra vez los dos ganapanes, le sacaron de allí y le dijeron que les esperara bajo un árbol, pues más tarde vendrían a buscarle.

Aldín esperaba que Fulvia diera señales de vida, pero la muchacha no apareció hasta bien entrada la mañana. La vio venir acompañada de dos criadas y dos esclavos.

Fulvia se detuvo y le miró despectivamente.

—Seguro que no sabes hacer nada —le dijo.

Aldín pensó la respuesta.

—Algunas cosas —respondió al fin.

—¿Algunas cosas? ¿Cuáles?

—Sé montar a caballo.

Fulvia se mordió los labios.

—Yo también —declaró.

Las sirvientas se miraron asustadas. Era muy raro entonces que una mujer montara a caballo. Se decía que las amazonas —figuras de la mitología— eran grandes jinetes, pero a las cuales nadie había visto, pese a que habían combatido, según la leyenda, contra los más importantes héroes de la epopeya griega, Teseo, Aquiles y otros; ninguna mujer había osado cabalgar por las calles de Roma.

—Si alguna vez quieres que demos un paseo a caballo, te serviré con mucho gusto —prosiguió Aldín.

Fulvia reflexionó un momento. Sus ojos adquirieron un nuevo brillo al decir:

—¡Ahora mismo!

Las criadas procuraron disuadirla, pero Fulvia insistió.

—¡Que nos traigan unos caballos!

Y avanzando hacia uno de los criados, le cogió el bastón que llevaba y empezó a amenazar a todos.

Era la característica de Fulvia. Aldín recordó que cada vez que la había visto empuñaba bastones o látigos. Quizá era una amazona en potencia.

Una de las criadas, aturdida, corrió a decírselo a las otras. La segunda advirtió a Fulvia.

—¿Qué dirá Aricia, tu madre? Hoy llega.

—¿Y a ti qué te importa? —saltó—. ¡Vosotros! —se dirigía a los criados—. ¡Unos caballos aquí, enseguida!

En pocos minutos llegaron dos caballos con unas mantas sobre el lomo y largas riendas. Aldín propuso:

—Si quieres, al principio sólo iremos al paso.

—¡Yo quiero galopar!

Aldín se dirigió al grupo de gente.

—Ella lo ha querido.

Fulvia se acercó a uno de los criados.

—Tú ven con nosotros.

El criado comenzó a correr al lado de los caballos que habían montado Aldín y Fulvia.

La muchacha, con las piernas estiradas a lo largo de los flancos del caballo, demostraba que había visto montar, pero que no había cabalgado nunca. Pero Aldín, experto en estas cosas, hubo de reconocer que aprendería muy pronto. No podía negarse que Fulvia era decidida.

Aldín hizo dar a su caballo una serie de vueltas por la explanada. Fulvia le seguía. Se pusieron uno al lado del otro.

—Fulvia, lo haces muy bien.

—Tú también cabalgas... regular —admitió ella.

Aldín rió para sus adentros y espoleó a su corcel.

El caballo arrancó al trote. Fulvia hizo que el suyo le imitara, pero al emprender la cabalgada se empezó a ladear sin llegar a caerse. Dieron dos o tres vueltas más y Fulvia reía. En uno de los momentos que pasó muy cerca del caballo de Aldín le dedicó una sonrisa.

Aldín empezó a pensar que la fierecilla no era tan terrible como imaginaba.

Los caballos volvieron a encontrarse otra vez y entonces Fulvia dio un empujón a Aldín con la sana intención de tirarle al suelo.

Aldín era el jinete más experto de su tribu, y montar a caballo no tenía secretos para él. Con un movimiento de cintura esquivó el golpe y después, enderezándose, tendió los brazos para evitar que Fulvia, perdido el equilibrio, cayera a su vez de su montura.

Los criados dieron un suspiro de alivio. Pero Fulvia

detuvo el caballo en seco y Aldín hizo lo mismo, un tanto intrigado.

Fulvia señaló a Aldín con el dedo.

—¡Lo habéis visto todos! —gritó—. ¡Ha querido tirarme del caballo!

Aldín no pudo evitar una expresión de despecho.

—¡Pufff! ¿Yo? —preguntó.

—Sí, tú. Ya verás el castigo que te espera. Ahora mismo.

Y de un salto bajó del caballo y emprendió una carrera hacia la casa, mientras con un ademán indicaba a los criados que volvieran a encerrar a Aldín.

—Pero, ¿qué he hecho yo? —exclamaba el muchacho—, ¡ella se caía y yo la he querido sostener!

Los criados tenían un aspecto grave mientras le hacían bajar del caballo. Permanecían mudos.

—¿Verdad que lo habéis visto todos?

Uno de ellos musitó:

—Nosotros siempre vemos lo que ve Fulvia.

Ésta volvió a salir de la casa acompañada de Clito.

Clito miró a Aldín.

—Tú sabes que estoy encargado de ti para no perderte de vista. Tendré que comunicar a Tacca que tienes muy malas intenciones, muchacho.

Aldín iba a responder, pero oyó a su lado la voz de la mujer que por orden de Clito le había llevado a la casa.

—No digas nada. Te cortarían la lengua.

Optó por callar y escuchar. Clito ordenó que le llevaran a la cantera.

Acompañado de los dos criados anduvo media hora hasta llegar a una cantera calcárea. La piedra, cortada a pico, formaba una pared deslumbrante por su blan-

cura. Un grupo de unos veinte hombres y muchachos, todos esclavos, trabajaban con mazos desbastando los sillares, mientras otros golpeaban directamente con grandes escarpelos y palancas clavadas en la dura pared para extraer los bloques en bruto. Caía un sol abrasador en aquel recinto, semejante a una sartén.

Aldín tenía que tirar de un trineo hecho con troncos de encina y en cada viaje, desde la propia cantera hasta el lugar de desbastado, transportaba un bloque enorme. En muchas ocasiones las maderas se atascaban y no podía continuar; entonces uno de los capataces llamaba a un esclavo para que le ayudase.

Finalmente le pusieron un ayudante fijo: Later. No le había visto antes entre aquel grupo de espaldas sudorosas.

—Later, ¿cómo te va?

—Bien. Ayer me dieron muy bien de comer. Por lo visto uno de los esclavos atrapó un conejo y lo asamos. A mí me dejaron roer los huesos... pero había muchos.

Aldín pensó que él tenía la tripa vacía. No había comido en muchas horas. Sólo su fortaleza le hacía aguantar una jornada tan dura.

La jornada duró hasta el atardecer. Entonces salieron de la cantera y descansaron un poco a la sombra de unas encinas. Las bellotas todavía estaban muy verdes, pero Aldín se comió una docena.

—¿Es verdad que eres el esclavo más castigado? —le dijo Later.

—No. Soy el más libre.

—Pero te han tenido encadenado toda la noche. Me lo han dicho. Y esta mañana te han traído castigado a la cantera. ¿Te has enfrentado con ellos o eres un mal espíritu?

Aldín mordisqueó una hierba.

—¿Quieres que te lo diga, Later? La libertad se lleva dentro. Nadie podrá hacerme retroceder ni decir una cosa por otra. ¡Y saldré vivo y con la cabeza alta!

Later le miró sorprendido.

Los capataces gritaban. Todos se pusieron de pie y emprendieron el regreso a Villa Sturia. Marchaban en dos filas en silencio y aún sudorosos, con las venas de los brazos profundamente marcadas, la espalda dolorida y los ojos medio cerrados.

Aldín era el único que los tenía bien abiertos.

De pronto la columna se detuvo.

Se distinguía la villa y delante un pelotón de hombres fuertes, algunos de ellos tan erguidos como torres de combate.

—Son los gladiadores —dijo uno de los capataces. Había oído comentar que Tacca iba a ser un empresario.

Más o menos todos los esclavos admiraban la magnífica figura de los gladiadores, a medida que se iban acercando a la villa.

Aldín, en un solo día, pese a no renunciar a decir siempre la verdad y a enfrentarse con quien fuera, había comprendido que la astucia y la prudencia, virtudes inseparables, también servían para su combate. Y aunque vio a Citus entre los gladiadores no hizo el menor comentario. Citus, entre los otros atletas, contemplaba la columna de esclavos que llegaba. Tenía una mano apoyada en la cintura y con la otra, distraídamente, se golpeaba el muslo. Vio a Aldín y estuvo a punto de dar un grito. Pero Aldín, con una rápida señal de cabeza, le impuso silencio. Después, con los otros, entró en el establo donde iba a dormir. La puerta se cerró y los cerrojos chirriaron.

¿QUIÉN GANA?

Aldín pasó la noche con un sueño desasosegado. De vez en cuando se despertaba y pensaba que había visto a Citus en la villa, con un aspecto más fuerte que nunca, entre aquellos otros atletas.

Antes de que los esclavos se acostaran corrió la voz de la llegada de Tacca y su mujer, Aricia, a la villa. Aldín ignoraba que ésta era la dama que les había ofrecido el agua cuando él y Later estaban atados al carro en aquella plazoleta de Roma.

Estaba convencido de que al día siguiente Tacca iba a hacer alguna de las suyas, y si encima Clito se ponía a favor de Fulvia, peor todavía.

En cuanto amaneció, los esclavos se fueron despertando. Durante años y años, generaciones enteras habían madrugado a golpe de látigo y ya estaban todos acostumbrados a tener abiertos los ojos y despejada la mente antes de que los encargados se echaran sobre ellos.

Aldín tenía sueño. Nunca había trabajado tanto como el día anterior, cargando aquellas piedras tan enormes. Le dolía la espalda y las manos le hormigueaban.

Salió y vio que algunos esclavos iban a las pilas a remojarse un poco, pero la mayoría de ellos ni siquiera se quitaban las legañas. Estaban entumecidos y baldados, y tenían el ánimo tan abatido y derrotado, que lo único que deseaban era evitar los golpes.

Clito salió de la casa con un gran sombrero que protegía su cara delgada. Y se dirigió a los capataces.

—Hoy, al río. Hay que reforzar la presa.

Uno de los esclavos contó durante el camino que aguas arriba del río había una presa de la cual partía una de las acequias de la villa y era un lugar sombreado y agradable.

—Notarás gran diferencia, pequeño —le dijo a Aldín—. Allí hay una gran arboleda y se puede pescar. Si los capataces están de buen talante nos dejan pescar ranas y darnos una comilona. No todo han de ser pedruscos y malas caras. Lo que puede ocurrir...

—¿Qué puede ocurrir?

—Que venga Tacca. Cuando él viene personalmente a ver el trabajo, los capataces se quieren lucir, ¿comprendes?, y nos hacen trabajar el doble.

—Prefiero que Tacca no aparezca —respondió Aldín.

Later se había puesto a su lado.

—Later —le dijo Aldín—. ¿Te gusta la carne de rana?

—¿Rana? ¿Y eso qué es? —preguntó Later, que todavía luchaba con la lengua de Roma.

Aldín se lo explicó imitando el ruido de las ranas en las charcas.

—¡Croac, croac, croac...!, ¿entiendes?

Sin dejar de andar, como siempre, en dos columnas, Aldín y Later, divertidos, saltaban con las piernas encogidas como las ranas. La columna acabó echándose a reír. Una hora más de camino y llegarían a la arboleda y a la presa. La mañana era agradable, fresca, y los capataces parecían de buen humor. Todos estaban contentos de haberse alejado de Clito siquiera por un día.

Tacca había llegado a Villa Sturia al anochecer. A caballo, acompañaba la litera donde iba Aricia. Fulvia los recibió con muestras de alegría. El padre estaba orgulloso de que su hija fuera tan valiente, casi como un varón, pero la madre desconfiaba un tanto de los sentimientos de la muchacha. Mientras tomaban fruta en el peristilo de la casa, Fulvia les contó que aquella mañana había montado a caballo.

—¿Y qué soldados te daban escolta?

—No había soldados. Un criado corría a mi lado, he competido con un esclavo. Gané yo.

—¿Un esclavo? —dijo Aricia—. ¡Por todos los dioses, hija! ¿No era peligroso?

—No juegues con los esclavos, aunque sean tus criados —le reconvino su padre.

—Es un muchacho extranjero muy orgulloso. Ayer tuve que mandarle encerrar. Me insultó. Se enfrenta con todo el mundo.

Tacca, al instante, dejó de comer y alzó las manos. Un esclavo le trajo agua para lavarse.

—Fulvia —le reprendió su padre—. No me digas más. Que venga Clito.

Éste apareció poco después. Mientras, Tacca no había apartado los ojos de su hija.

Fulvia, tranquilamente, seguía comiendo nueces.

—¿Qué mandas? —dijo Clito.

—Quiero que me cuentes esta historia del caballo y del esclavo... Fulvia tiene demasiada imaginación.

Clito se frotó las manos.

—Lo cierto, Tacca, es que hace tiempo que no tenía un esclavo recomendado por ti de modo especial. En el poco tiempo que lleva ya ha hecho dos o tres fechorías.

—Sé quién es, ¿verdad?

Clito sonrió.

—Ya te lo imaginas. El «recomendado».

—¿Y qué te ha hecho? —preguntó Aricia a su hija.

—¡Me quería tirar del caballo! Se lo dije a Clito.

—Bien hecho —asintió Tacca.

—Y... —continuó Clito— le he mandado a la cantera. Por la noche tenía los huesos rotos.

Tacca rió estrepitosamente.

—Mientras tú, Clito, y tú, Fulvia, estéis de acuerdo, puedo estar tranquilo. Pero ese chico.. es demasiado vivo y orgulloso. Además es fuerte como un roble. Ya me dio disgustos en el campamento.

—¡Ah!... —dijo Aricia—. ¿Se trata del muchacho al que di agua en Roma?

—Sí. Le tenemos aquí. Aricia, ya te he dicho que pareces cristiana. Demasiada compasión con los esclavos. Este muchacho es un príncipe ibero, y esa gente tiene una altanería increíble.

Fulvia lentamente dejó de comer. Parecía fascinada. Estuvo a punto de hacer una pregunta, pero se contuvo.

—Clito —acabó Tacca—. Con este chico nada de blanduras ni contemplaciones. A latigazos hasta partirle la espalda. Así aprenderá a no tener el orgullo que hasta ahora le caracteriza. Príncipes bárbaros... —comentó entre dientes.

Aricia abandonó la mesa e hizo que Fulvia se fuera a acostar. Antes de despedirse dijo ésta:

—Madre, ¿es verdad que es un príncipe?

—Eso dicen. Príncipe de un país lejano.

—Pero el país es nuestro, ¿verdad?

—Sí. He oído decir que la Tarraconense pertenece a Roma desde hace muchos años.

—Entonces... tengo un príncipe como esclavo.

Pero ya esa noche su manera de pensar respecto a Aldín empezó a cambiar un poco. Ya no le miraba como un simple esclavo orgulloso y descarado, sino como un príncipe, alguien dotado de poderes casi mágicos.

«Yo soy sólo la hija de un centurión y él es un príncipe. Debe saber encantamientos y puede detener el sol. En las noches de luna, en medio del bosque, las sombras de sus antepasados velan por él y le dan fuerza. Si fuera menos altanero... Pero, en resumidas cuentas, ¿no ha de ser así un príncipe?»

En la orilla del río, durante un alto en el trabajo, los hombres se pusieron a pescar con las manos. Descalzos, recorrían la presa, poco profunda, y buscaban peces entre los cantos rodados del fondo. Alguno cogía una tenca, otro gritaba porque se le había escapado una carpa. De anteriores salidas tenían una red colgada de los árboles, y con ella pescaban los peces más pequeños. A la hora de comer hicieron un asado de pescado que sabía a gloria. Aldín se había ganado la admiración de todos removiendo el agua del embalse con una rama, asustando y atontando a los peces para que así fueran atrapados por la red más fácilmente.

—Tienes destreza y habilidad —le dijeron los otros esclavos.

Aldín les contó que en su tierra iba a pescar con frecuencia y que desde muy pequeño había aprendido todas las artes para capturar peces. Later hizo también una exhibición que nadie esperaba. Cuando hubo que trasladar uno de los troncos desde la orilla superior de la presa hasta un lugar de la corriente del río, donde el agua era profunda, nadie sabía cómo hacerlo. Later, sin decir una palabra, se desnudó y se zambulló igual que una rana. Nadando con gran soltura llegó al otro lado del río y rápidamente ató el extremo del tronco a los restantes, y regresó con la rapidez y el silencio de un bagre.

Los dos muchachos fueron felicitados y los propios capataces parecían satisfechos. Todos compartieron el almuerzo y prolongaron la sobremesa, si se podía llamar así a esa forma de comer sobre un suelo cubierto de hierba.

—¿Qué es eso que llevas pendiente al cuello? —preguntó Later.

Se refería al amuleto de hueso de vaca.

—Me da suerte. Cuando estoy en peligro lo agarro y salgo vencedor.

Later se quedó mirándole.

—Mi padre llevaba un anillo de cobre, pero murió ahogado.

Aldín no supo qué decir. A él le habían enseñado que esos amuletos daban suerte y lo creía firmemente.

—Aldín... —le llamó la atención Later.

—Sí.

—Esa muchacha... ¡qué pena que sea tan mala pieza!

—¿Te refieres a Fulvia? Es como un potro sin domar. Ya he visto que he de mantenerme alejado de ella. Me las haría pasar moradas.

—¡Siendo un príncipe...! —afirmó Later con admiración.

—Hoy por hoy, un esclavo. Como tú, como todos —respondió Aldín.

Cuando Tacca dijo que quería ir a ver cómo trabajaban los esclavos, Fulvia pidió una y otra vez ir también, pero su padre se lo negó.

Cuando hubo salido, Aricia atrajo hacia sí a su hija:

—¿Por qué ese interés por los esclavos?

—Quería ver de nuevo a ese que dicen que es un príncipe. Quiero ver cómo trabaja hasta sudar sangre.

Aricia la soltó.

—No debes hablar así, hija. Los esclavos trabajan, ya es bastante.

Fulvia, que era muy astuta, insistió.

—Dices que ordenaste darle agua. ¿Y por qué? No sabías, por lo visto, que había insultado a mi padre, y ahora no pareces querer saber que me ha insultado a mí. Si puedo haré que le castiguen cada vez que le vea.

Aricia replicó:

—No te lo permitiré. Mañana mismo este esclavo

pasará a mi servicio. Cuando regrese me lo llevaré a Roma. Me acompañará dondequiera que vaya, y así no podrás atormentarle. Parece mentira que seas así, tan malvada.

Fulvia apenas pudo contener una risita.

—Si está a tu servicio será diferente. Tienes tu séquito de criados y esclavos y puedes hacer lo que quieras. Pero si se queda aquí, ¡ya verá quién manda!

Fulvia había pensado: «Ahora Aldín llevará otra vida. No le harán sudar bajo el látigo ni se desollará llevando a cuestas fardos y haces de leña. Será algo más adecuado para un príncipe».

—Madre...

—¿Qué?

—Si es un príncipe, ¿por qué mi padre no le pide un rescate a su pueblo?

Clito, que estaba oyendo la conversación, movió la cabeza negativamente.

—Fulvia, ¿tú no sabes que *príncipe* es una palabra sin sentido? Aquella gente no tiene dinero, es pobrísima. Sería diferente si fuera hijo de un rey asiático; allí hay oro y piedras preciosas. Pero los iberos viven miserablemente. No, no puede haber rescate. Trabajará como los demás esclavos. Así lo quiere tu padre.

—Deseo tenerlo a mi servicio —propuso Aricia.

Clito se encogió de hombros.

—Me parece que tendrás que pedírselo de rodillas a Tacca. Se la tiene jurada. Y hace bien, sinceramente. Ya hace años que se rebeló Espartaco con unos cuantos miles de esclavos y no queremos volver a las andadas. Que los dioses no lo permitan. Por eso hay que tenerlos sometidos, cansados, muertos de hambre, de sed y de enfermedades. Como los animales.

LOS GLADIADORES SE PREPARAN

De momento no ocurrió nada, no hubo cambios. Aldín continuó trabajando entre los esclavos y no al servicio de Aricia. Tampoco Fulvia volvió a molestarle.

Pero Aldín no sabía hasta qué punto la muchacha estaba deslumbrada por él. Pedía noticias a otros esclavos, le espiaba a distancia y añoraba nuevas cabalgadas.

Tacca, en cambio, no olvidaba lo que el chico había hecho en su pueblo de la Tarraconense y le recordaba a Clito que debía someterle a vigilancia día y noche. Clito lo cumplía a medias porque gracias a su inteligencia y su costumbre del trato con esclavos, consideraba que cuanta mayor importancia le diera a Aldín más probabilidades tenía el muchacho de convertirse en jefe de una posible rebelión de esclavos. Además, en los territorios romanos había comenzado a extenderse la doctrina de los cristianos, y muchos se habían convertido; unos pocos sentían verdadera fascinación por la idea de que todos los hombres eran iguales y otros porque no tenían nada que perder.

¿Qué podría ocurrir si Aldín se ponía en contacto con los cristianos?

Clito, entonces, tomó una determinación. Antes de que Tacca se fuera a Roma a pasar unos días, le propuso poner a Aldín al servicio de los gladiadores, y así estaría alejado de los otros esclavos que empezaban a valorarle demasiado.

Tacca accedió, recomendando en especial que Aldín estuviera ocupado. En Villa Sturia quedaron Aricia, Fulvia y otras damas romanas que estaban pasando allí unos días. Fulvia parecía pasarlo muy bien con las amigas y sus criadas, pero seguía pensando en Aldín y le asaltaba la duda de si la suerte que le había tocado era la que le correspondía. En cualquier caso, no toda la historia de Aldín estaba escrita, Fulvia tenía la corazonada de que sucederían otras muchas cosas.

A Aldín le separaron de los esclavos y le pusieron al servicio de los gladiadores, los cuales, después de dos días de inactividad vieron llegar a su preparador Máximo, que según instrucciones recibidas de Tacca, debía ponerlos en plena forma.

El mundo de los gladiadores era fascinante, se decía Aldín ahora que empezaba a conocerlos. El primer día, le tocó limpiar las armas, repasar los correajes y trasladar agua, vino y miel a la mesa de los combatientes.

Por tanto, pudo oír las conversaciones que tenían entre ellos y con Máximo.

Éste decía:

—¡Debemos ponernos en forma! Pensad que el público romano admira más a nuestro grupo rival, los gladiadores de la Vía Appia, que a nosotros. Si queréis que el emperador, los patricios y los senadores os hagan regalos, y si algún día los que ahora sois esclavos deseáis obtener la libertad, es necesario que luchéis mejor que ellos.

Aldín estaba de pie al lado de Citus, que se calzaba las sandalias.

—¿Quiénes son los gladiadores de la Vía Apia? —le preguntó.

—Unos de otra empresa. Esto de los gladiadores está organizado a base de grupos con su empresario y su preparador.

Máximo continuaba hablando, pero ni Aldín ni Citus le escuchaban, felices de su reencuentro.

—¿Verdad que es una suerte estar otra vez juntos? —dijo Aldín.

—No temas. Tengo la seguridad de que no nos separaremos. Y si voy a Roma pediré que tú también vengas.

Máximo acababa de dar una orden:

—¡Todos de pie! Ya estáis vestidos. ¡Fuera!

Les habían instalado en una antigua bodega. Estaba en la planta baja, era un lugar fresco y abovedado. Cada gladiador cogió un arma de entrenamiento, varas largas de fresno o ramas de roble lo más rectas posible, y todos salieron. Máximo gritó aún:

—¡Tú, rapaz! ¿Estás dormido? ¡Coge las redes!

Aldín cogió diez pesadas redes, se las cargó a cuestas y empezó a andar a tientas buscando la salida.

Máximo era el hombre fuerte por excelencia. También era antiguo gladiador y conservaba una oreja partida y diez cicatrices profundas en los brazos; eran el recuerdo de su profesión.

—¡Ya no hay gladiadores como los de antes! —solía decir—. Luchaban hasta morir. Ahora todos sois tipos flacos y escurridizos. Más parecéis ardillas que búfalos.

A pesar de su aspecto fiero, Máximo era para los gladiadores como un padre. Estos profesionales ganaban dinero y en Roma se hacían apuestas cuando se anunciaban los combates en el anfiteatro.

—¡A ver, los nuevos a un lado! —ordenó Máximo.

Tres gladiadores se separaron.

—Observad bien —aconsejó.

Uno de los tres gladiadores sin experiencia era Citus. Aldín se situó a su lado después de dejar en el suelo la pesada carga de las redes. Los gladiadores expertos cogieron los palos largos y, describiendo círculos, iniciaron, infatigables, una especie de esgrima. Daban y esquivaban golpes, y al poco tiempo los torsos, cubiertos con pequeños plastrones o simplemente cruzados con correajes con ojetes de cobre, sudaban y relucían bajo el sol.

Máximo mandó a Aldín que sostuviera una cuerda larga por un extremo.

—Vas a voltearla con fuerza sobre tu cabeza, ¿entiendes?

—¿Como un molino?

—¡No preguntes y empieza!

Aldín, en el centro del terraplén, comenzó a vol-

tear la cuerda, que debía tener unos quince palmos, como si fuera a echar el lazo.

Los gladiadores veteranos corrían hacia la cuerda y se detenían bruscamente para después girar y esquivar el latigazo de la soga. Aldín sólo tenía que dar vueltas y vueltas, pero resultaba muy cansado.

—¡Más, más! —ordenaba Máximo—. ¡Más deprisa! ¡Ahora vosotros!

Y los nuevos gladiadores, Citus entre ellos, tenían que avanzar agachados para evitar que la cuerda les diera, hasta tocar con la mano los pies de Aldín, una y otra vez, retirándose y acercándose siempre agachados. Aldín empezó a cansarse. Afortunadamente Máximo dio orden de cambiar de actividad.

—¡Ahora, a correr! ¡A correr en círculo!

Los gladiadores comenzaron a hacerlo como si realmente estuvieran dando vueltas por la arena del anfiteatro. Los más gordos sudaban como jamás en su vida pudiera imaginar Aldín.

Citus era el más rápido y pronto adelantó a los otros. Máximo llevaba el compás gritando:

—¡Derecha, izquierda, derecha, izquierda, drechaquierda, drequierda! —cada vez más deprisa.

De golpe dio orden de detenerse.

—¿Qué os habéis creído? ¡Manada de bueyes! ¡He dicho correr! ¿Cómo queréis luchar en el anfiteatro si no sabéis levantar los pies del suelo? ¡Ahora veréis! ¡Venga, muchacho, trae un caballo!

Se lo había ordenado a Aldín, y Aldín pensó que aquélla era su ocasión. Salió corriendo hacia las cuadras que estaban en la granja. Allí buscó a Clito.

—¡Clito! ¡Oh, Clito, Máximo pide un caballo!

—¿Acaso se ha roto un pie?

—¡Quiere hacer que los gladiadores corran más deprisa!

—Estupendo. A ver si así adelgazan y comen menos, están agotando la despensa. ¡Por Baco cómo comen estos gigantes! Como todos los de tu tierra, tú entiendes de caballos, ¿verdad?

Aldín dijo que sí.

—Ve al fondo de la cuadra y elige uno, buen corredor.

Así lo hizo Aldín. Inevitablemente pensó en Seru, pero sin embargo Seru estaba mejor libre en la montaña.

Aldín apareció en el cerro montando y al galope. Hasta Máximo tuvo que apartarse.

—¡Que no son las cuadrigas del circo! —le objetó.

El muchacho le preguntó si podía seguir montando.

—Veo que tienes destreza. Mira —dijo Máximo—: Vas a correr en círculo con el caballo y vosotros —se dirigió a los hombres— le seguiréis, el primero a cinco pasos del caballo y el resto a dos pasos entre uno y otro.

Se ejercitaron así durante media hora, y el que lo pasó mejor, naturalmente, fue Aldín, que volvió a recordar los buenos tiempos en la tribu. Los gladiadores maldecían el alma de Máximo, de Tacca y de Aldín y quizá hasta la del caballo.

Después descansaron a la sombra. Algunos gladiadores se tendieron en el suelo y parecían medio muertos. Otros tardaron en recuperar el aliento y con las narices dilatadas resoplaban como bueyes. Citus parecía estar fresco como una rosa.

Aldín dejó descansar el caballo y se le acercó.

—Y a ti, Citus, ¿qué te mandarán hacer como gladiador?

—Posiblemente de mirmillón.

—¿El ligero?

—Sí.

—¿Te gusta?

—No lo sé. Pero es mejor que trabajar de esclavo descargando sacos y ánforas en el puerto, ¿no crees? Además, yo soy un semiesclavo porque aún confío en que Tacca me dé la libertad. Y tú, ¿qué tal?

—He pasado unos días malos. Ahora ya estoy mejor. ¿Me llevarás a Roma?

—Depende de Tacca. Pero espero conseguirlo.

Máximo ordenó a Aldín que dejara el caballo en el establo y después, a pie, se reuniera de nuevo con el grupo.

Por el camino, en una arboleda, Aldín tuvo la mayor sorpresa. Fulvia, también a caballo, le estaba esperando. A su lado permanecían los dos criados que el primer día le habían encadenado.

—Ave —dijo Aldín.

—Saludo yo primero —observó Fulvia—. Ven conmigo. Cabalgaremos.

Aldín vaciló.

—No puedo. Tengo que dejar el caballo y después volver con los gladiadores.

Los ojos de Fulvia brillaron con un fulgor agresivo.

—¿Quién manda aquí? He dicho que vengas conmigo ahora mismo.

—Clito y Máximo me castigarán.

—No lo harán si yo les cuento lo que ha pasado. Recuerda que al principio mi padre te puso a mi servicio.

Aldín, resignado, cabalgó durante una hora con Fulvia. Los dos criados les seguían a distancia, andando unas veces y corriendo otras. Al fin volvieron a la villa.

—¿Es cierto que eres un príncipe? —preguntó Fulvia.

—No tiene importancia —dijo Aldín—. Lo seré cuando sea libre. Todo hombre libre es un príncipe. Tú eres como una princesa.

Por primera vez Fulvia esbozó una sonrisa. Después dio media vuelta, saltó del caballo y dejando la montura en manos de los criados, se alejó hacia la villa.

Pero por lo que fuera, no dijo nada a Máximo ni a Clito, y el primero quiso abofetear a Aldín. Citus y los demás gladiadores le pidieron que no lo hiciera, y Aldín tuvo que prometer que al día siguiente limpiaría toda la bodega de los gladiadores para contentar a Máximo, y todos los establos para contentar a Clito.

Fulvia pareció esfumarse y Aldín no la volvió a ver en tres días.

LOS PLANES DE ALDÍN

—Somos los mejores de Roma, no lo dudéis —decía Citus a los demás gladiadores—. Realmente, todo el mundo nos admira. Somos los más fuertes, ¿no? Y algunos de vosotros os habéis hecho famosos. ¿Quién no recuerda el viaje que hicisteis a Tusculum y a Capua para la exhibición de las fiestas de primavera? Yo no estaba, pero vosotros mismos me lo habéis contado. Todo el mundo os aclamaba cuando desfilabais por las ciudades y las mujeres os ungían con óleo y lanzaban flores a vuestro paso.

Los gladiadores le hacían poco caso.

—Eso ya lo sabemos —dijo poco después uno de ellos, levantándose del triclinio en el que había almorzado—. ¿Para qué nos sirve? Por mi parte, yo ya estoy satisfecho.

Y se reía mientras engullía una pasa tras otra.

Estaban en la bodega y habían comido y bebido a placer. Aldín, en un rincón y recostado en un ánfora hincada en el blando suelo de arena, escuchaba la conversación, jugueteando con el amuleto entre los dedos.

Citus insistía:

—Lo digo porque no os veo decididos a triunfar cuando debutemos esta temporada en el Coliseo. Los de la Vía Apia nos pueden vencer y esto nos condenaría a seguir en este oficio todavía mucho tiempo.

—No nos podemos quejar —saltó otro—. ¿Qué quieres, la libertad? Un día cualquiera la tendremos, aunque yo prefiero esperar y encontrar un buen protector o ganar dinero suficiente para establecerme como un gran comerciante. Así ya vamos tirando.

—Pero nosotros queremos la libertad. Y si luchamos podemos conseguirla.

Máximo, que no había dicho ni palabra, carraspeó y desde un extremo de la mesa dijo:

—Venga, Citus, no hables más de libertad. Cuando dices «nosotros», ya sabemos que te refieres a Aldín y a ti. Y si quieres un consejo, habla por ti solo, porque a Aldín le quedan muchos años de esclavitud.

Aldín respondió con voz firme:

—Hacer de esclavo, quizá, pero ser esclavo nunca.

—¿Ni con cadenas? —preguntó Máximo en tono guasón.

—Ni con cadenas.

—Aldín tiene razón —admitió Citus—. Sólo es esclavo quien se considera como tal. ¿No habéis visto a los cristianos? Nunca dicen que son esclavos. Y es que no lo son en su interior.

—Bueno, son un hatajo de locos.

—Una pandilla de mentecatos.

—Unos fanáticos.

Así seguían opinando los gladiadores. Aldín no decía nada de los cristianos, pues sólo había conocido a uno: la mujer que le acompañó por primera vez hasta la casa de Fulvia y le recomendó que fuera siempre prudente. En cambio, reconocía que Citus tenía toda la razón: si no combatían con valor, quedaban pocas esperanzas de mejorar en la profesión.

Pero Aldín no hallaba la solución. Era comprensible que los gladiadores, bien pagados, se limitaran a luchar si no con desgana, con simples esquemas de táctica. Conocían la técnica de la lucha y la aplicaban. Había unas reglas de juego establecidas y las seguían al pie de la letra.

La única esperanza, de momento, consistía en la posibilidad de que los de la Vía Apia no quisieran seguir las reglas. Que se enfrentaran en una lucha a muerte y por ello obligaran a los de Máximo a pelear de verdad. En este caso la lucha tendría emoción, una emoción que según había oído decir, hacía tiempo que faltaba en los espectáculos del anfiteatro.

Aldín aprovechó la caída de la tarde para hablar con Citus.

—Oye Citus: ¿No habría forma de proponer a Máximo que ambos podamos luchar como gladiadores expertos?

—¿Y con qué fin?

—Verás: todos juegan a luchar. Seguramente han llegado a un acuerdo tácito de simulacro con los de la Vía Apia, ¿comprendes? Estoy seguro de que Máximo no está conforme, pero no puede con ellos. Tacca, en cambio, celebraría que el combate de estreno fuera a muerte, a la desesperada.

—¡Aldín! ¿qué te propones?

—Sencillamente esto: Nosotros nos ofrecemos a Tacca para luchar a muerte contra cualquier gladiador de la Vía Apia. Hace años que esto no se ha visto en Roma, ¿no es así? A cambio, si ganamos, tendrá que darnos la libertad.

Citus, asombrado, se llevó la mano al pecho.

—Aldín, ahora sí creo que estás más loco que los cristianos —dijo—. ¿Cómo te atreves a decir «nosotros», considerándote un gladiador más, si no tienes la edad reglamentaria, ni la fuerza, ni el conocimiento necesario? Yo, al menos, hace unos días que me entreno y ya era explorador en el campamento. Sé reptar, conozco la lucha cuerpo a cuerpo de mi país natal, sé manejar la espada... y tengo fuerza.

—Enséñame a luchar. Estoy seguro que nuestro ofrecimiento puede tener éxito.

Citus meneó la cabeza.

—Nos tendría que ayudar alguien más.

—Quizá, Máximo acepte. Si morimos no habrá perdido dos gladiadores expertos y profesionales.

—Te repito que conviene que alguien nos eche una mano. Nosotros dos, ni siquiera con el apoyo de Máximo, convenceremos a Tacca. Nuestra libertad es lo último que nos otorgaría.

—No hay otro camino.

Permanecieron callados. A lo lejos, entre las encinas, unos esclavos descansaban. Aldín vio que la mujer cristiana hablaba con Later en voz baja. Fulvia seguía ausente. Posiblemente celebraba alguna fiesta en su casa con sus amigas romanas.

—Tú enséñame a luchar —pidió Aldín.

—De todos modos, nunca sobra. De acuerdo. Haré lo que pueda.

—Gracias, Citus. Eres mi mejor amigo.

A la mañana siguiente Aldín fue el primero en salir de la bodega. Hacía fresco, casi frío. Iba a buscar agua con dos cubos, cuando vio, sentado en un poyo y vestido con la toga de maestro, a su antiguo conocido Anfites. Éste parecía abstraído, pensativo. Aldín dejó sus cubos y se acercó a él.

—Buenos días, Anfites —saludó.

El griego tardó un poco en salir de su ensimismamiento.

—¿Quién eres tú? —preguntó, entornando los ojos con recelo.

—¿Es posible que no recuerdes al príncipe Aldín, hecho prisionero en el campamento romano antes de marchar hacia Dertosa?

Anfites se sacudió una hormiga de la túnica.

—Tú eres aquel mozalbete ladrón que una noche...

—Los ladrones fueron los soldados que me cogieron los caballos. Soy esclavo, pero digo siempre la verdad. Y si crees que miento, ahí te quedas.

Y volviendo a agarrar los cubos iba a reemprender la marcha, cuando el griego reaccionó.

—Espera, príncipe.

Aldín dejó el cubo en el suelo mientras el segundo se balanceaba en la otra mano.

—Esto de príncipe lo has inventado, ¿no? —dijo Anfites.

—Te juro por mis antepasados que soy príncipe de mi tribu. Tú eres un sabio, ¿verdad, Anfites? Y los dos somos esclavos, ya ves.

—Hay esclavos y esclavos. Yo estoy mejor situado que tú.

—Seguramente. Y de fijo me harás un favor, si yo te lo pido. Porque hacer favores a los príncipes es asegurarse influencia y dinero.

—Por lo bien que hablas pareces un griego.

Lo mismo le había dicho Fulvia. Aldín se acordó de ello inmediatamente.

De hecho, hacía un rato que pensaba en la muchacha.

Anfites se reía bajito.

—He vivido mucho, Aldín. He visto de todo. Por eso me gusta encontrar alguien que no tiene miedo. Has de saber que en el mundo la vanidad y el temor dominan a los hombres.

—Anfites...

Aldín se dirigió entonces al griego en voz baja. Después se le acercó y empezó a hablarle deprisa.

—¿Qué haces aquí, en Villa Sturia?

—He venido por orden de Tacca. He pasado a su servicio después de la muerte del legado Fabio. Hay rumores de que van a nombrarlo legado... Por tanto, tendrá que estar pronto en campaña otra vez.

—¿Y qué trabajo tienes aquí? ¿Secretario?

—¡Qué va! Por unos días seré el pedagogo de Fulvia. ¿La conoces?

Aldín se frotó las manos de gusto.

—¿De Fulvia, dices? ¡Eso me interesa!

—No querrás hacerle daño... ¿verdad?

—¡No! ¡Qué va! Me pusieron, incluso, a su servi-

cio. Nos hicimos muy amigos. Como yo monto muy bien a caballo la enseñé a cabalgar. Somos uña y carne. Pero convendría que le dijeras que me has visto, y que le envío un saludo con todo el respeto y la dignidad de un príncipe. De un príncipe esclavo.

—Tú lo que quieres es conseguir... la libertad.

—Sí, pero pienso ganármela a pulso. ¿Te acuerdas de Citus?

—Era famoso en todo el campamento. ¿Qué sucede?

—Tenemos un plan estupendo. Pero conviene que saludes a Fulvia de mi parte y le digas que echo de menos los días que estuve directamente a su servicio.

—Se lo diré, hombre, se lo diré. Cuando un príncipe se rebaja a pedir...

Y se volvió a reír con sorna. Anfites tenía sentido del humor.

—¡Aldín! —gritaron casi simultáneamente dos voces desde la bodega.

Los gladiadores necesitaban el agua.

—¿Dónde se ha metido este condenado? —chillaba Máximo.

—Me tengo que marchar. En tus manos lo dejo, Anfites, y que los dioses te lo paguen.

—Fíate de ellos y verás... —comentó el descreído griego.

Aldín llenó rápidamente los cubos y corrió hacia la bodega. Por el camino tiró la mitad del agua y roció sin querer a dos adormilados perros conejeros que ladraron.

TODOS LE LLAMAN PRÍNCIPE

Como todos los griegos, Anfites era un fantasioso. Se puso a pensar un poco en la conversación sostenida con Aldín y quiso ahondar todo lo posible en la cuestión de su principado.

Se acercó a los primeros esclavos que vio desocupados para decirles:

—Oíd. ¿Conocéis a Aldín?

—Sí —contestaron.

—¿Sabéis que es un príncipe?

—No sé. Entre nosotros hay una mujer que lo afirma —comentó un esclavo.

—Hoy día no se ven príncipes así como así.

Después la emprendió con unas criadas de Fulvia en la avenida del jardín que conducía a la villa.

—Supongo que Fulvia conoce a Aldín, ¿verdad? —preguntó.

—Por supuesto. El primer día no le dio un latigazo y le rompió la nariz de milagro.

—Seguramente se contuvo porque él es un príncipe. Lo que pasa es que le hicieron esclavo, ¿comprendéis?

Y así, durante un largo rato, fue diciendo a aquellos a quienes encontraba que Aldín era un príncipe de las tierras de occidente.

Al mediodía, cuando Anfites fue conducido ante Fulvia y su madre, Aricia, el rumor había corrido y recorrido por todas las instalaciones de Villa Sturia.

La esclava cristiana rezaba a ratos interiormente pidiendo la salvación de Aldín y de todos los cautivos.

—Dios único —decía—, haz que Aldín no organice ninguna rebelión cruenta de esclavos. Ilumínale para que no caiga en la tentación de la violencia...

Fulvia y Aricia miraron al nuevo pedagogo. Anfites, con la túnica recogida bajo el brazo, también se las quedó mirando. Aricia tomó la palabra.

—Anfites, mi marido ha dispuesto que des lección durante estos días a mi hija Fulvia y a dos o tres niñas más. Confío en que entre todas no te muerdan ni te quemen la camisa.

—¿Tan malas intenciones les atribuyes, Aricia? —preguntó Anfites.

—Mira: todo el mundo tiembla ante mi hija. En toda la villa, tan sólo hay un criado que no la teme.

—No me digas más. Es el príncipe Aldín.

Y el pícaro de Anfites hizo una pequeña reverencia.

—¿Es verdad que es un príncipe? —inquirió Aricia.

Fulvia escuchaba encantada.

—Un importante príncipe ibero, señora. El más diestro en caballos.

—Lo sé —intervino Fulvia—. Hemos paseado juntos. Después mi padre lo apartó de mi lado para llevarle con los gladiadores.

—¿Os dolió, bella Fulvia?

—Sí, me dolió.

—Pero hija, ¡si casi querías matarle! —repuso escandalizada su madre.

—Cuando supe que era un príncipe, comprendí el porqué de su orgullo y valor. Es lógico, ¿no?

—Muy lógico, hija, muy lógico —comentó su madre, mientras, muy sorprendida, abandonaba el aposento.

Fulvia y Anfites quedaron frente a frente.

—¿Queréis que demos lección?

Fulvia se dejó caer en una butaca.

—¡No! Tú y yo nos entenderemos bien si dejas que yo lleve la batuta. Ahora no tengo ganas de lecciones. Quiero que me hables de Aldín.

—Él sólo piensa en la libertad. Y quiere conseguirla mediante un plan...

—¿Qué plan?

—No lo sé. ¿Creéis que merece la libertad?

Fulvia cambió de expresión. Parecía grave, pensativa. Se levantó, fue hacia una ventana y miró el esplendor del campo. Unas lejanas figuras de esclavos, como hormigas, amontonaban el forraje segado. Los insectos zumbaban junto a las encinas.

—Creo que sí. Y como le conozco, sé que es capaz de conquistarla.

Máximo hizo un viaje a Roma y se entrevistó con los gladiadores de la Vía Apia y su tutor. Acordaron los términos de la primera actuación. Los gladiadores harían las cosas de ritual. La fiesta se celebraría el quinto día de las primeras calendas. Y Máximo volvió contento a la villa.

—Muchachos —comunicó a los gladiadores—, los de la Vía Apia son más gandules aún que vosotros. Ahora que ya os he entrenado un poco para desentumeceros, estoy seguro de que estamos más ágiles que ellos. Ganaremos y haremos que Tacca gane dinero. Nuestros contrincantes parecen bueyes cebados, son nuestros. Pero mañana volveremos a hacer un entrenamiento a media mañana. Quiero asegurarme el éxito.

Fulvia envió un criado en busca de Aldín. Máximo, de mala gana, le dejó marchar un momento.

—Di a Fulvia que este esclavo está ahora al servicio de los gladiadores y que no le entretenga mucho.

Fulvia estaba con Anfites y otras tres niñas cuando llegó Aldín.

—¿Qué deseas? —preguntó éste.

—Príncipe... —le saludó Anfites, con ironía.

—Oye Aldín —dijo Fulvia—. Me han dicho que tienes un plan para obtener la libertad.

—Ahora no puedo hablar —se excusó el muchacho.

—Vete a buscar dos caballos —ordenó Fulvia—. Vosotros seguid con la lección. Tú —a Aldín— espérame en la puerta.

Poco después, Aricia, desde el atrio, vio como Fulvia y Aldín se internaban en el bosque, cabalgando.

Pusieron los caballos al paso, balanceándose de vez en cuando porque los caballos se ponían de repente a pastar. Se reían por cualquier cosa: una mariposa que pasaba o una cogujada que emprendía el vuelo.

—Aldín...

—Dime.

—Cuéntame ahora cuál es tu plan.

—Muy sencillo. Deseo la libertad.

—Quédate. Te prometo no maltratarte nunca más.

—Te repito que quiero la libertad. Me cogieron preso porque quería protestar ante el legado por el robo de los caballos de la tribu. Tacca se puso furioso. Eso fue todo. Merezco la libertad y la conseguiré. Pero ya que soy un esclavo me la tengo que ganar. Y la ganaré. Si tú quisieras ayudarme...

Descabalgaron. A cierta distancia les seguían a pie dos criados que Aricia había enviado.

—¿Cómo puedo ayudarte? ¿Y qué harás, cuando obtengas la libertad?

—Volver a mi tierra.

Fulvia se quedó pensativa un momento.

—Supongo que debe ser así.

—¿Quieres ayudarme?

—Sí. Pero mi padre no tiene que saber que yo te ayudo.

—Mira. Quiero hacerme gladiador y luchar contra quien sea. Si gano, ganaré también la libertad. Eso tiene que prometérmelo Tacca.

—Será muy difícil arrancarle semejante promesa.

—Si tú se lo pides...

—Por pedir, que no quede. Aún puedo pedirle lo que quiera. Pero me imagino el aspecto que vas a tener tú de gladiador.

—Puedo hacer de mirmillón.

—Está bien. Pero no esperes que vaya a verte.

—Si vinieras me verías triunfar.

—O morir.

—Si muero, será también una forma de conseguir la libertad.

—¡Calla!

Fulvia se había detenido, desazonada y con el rostro endurecido.

—¡No sé cómo he podido escucharte! ¡No quiero volver a hablar de todo esto! ¡Volvamos a casa!

Fue la primera en agarrarse al cuello del caballo. Aldín la ayudó a subir y ella emprendió un galope impetuoso. Aldín saltó sobre el lomo de su corcel y no pudo alcanzarla.

Fulvia entró como un rayo en el jardín de la villa y cuando él llegó sólo vio al caballo moviendo el penacho de la cola. Aldín cogió por el ronzal a ambos animales y regresó con los gladiadores: los gritos de Máximo indicaban dónde se hallaban. Durante un instante miró hacia la casa y vio en una ventana la figura de Anfites llevándose dos dedos a los ojos.

Con ello quería indicar que Fulvia había entrado llorando.

—¿Dónde se habrán metido estos dos? ¡Tras de la soga el caldero! —comentó Máximo viendo que Citus y Aldín faltaban otra vez a la hora de cenar.

—¿No sabes que Citus se entrena fuera de las horas marcadas? —dijo uno de los gladiadores.

—¿Citus? ¿Y por qué? —contestó Máximo extrañado.

—Se vale de que Aldín es alto y fuerte para servirse de él como entrenador. Al parecer, Citus quiere debutar en perfectas condiciones. Ya sabes que él es partidiario de lograr la libertad a costa de hacer méritos en el anfiteatro.

—Dejadle. Yo confiaría más en Aldín. Éste, bien entrenado, dentro de un año será un luchador de fuste.

—Y Citus no lo hace nada mal.

—A ver si ahora nos va a poner en evidencia...

—No temas. Todos vosotros tenéis más experiencia que un ejército entero. El día quinto de las calendas todo irá como una seda.

Salieron a hacer el ejercicio de los cien pasos, y desde lo alto del cerro vieron las siluetas de Aldín y Citus luchando, el primero de reciario y el segundo de mirmillón.

—¡Fíjate, lo que han aprendido!

—¡Ni que lo hubieran hecho toda la vida!

—¡Vaya redada!

—¡Buena pesca, a fe mía!

—¡Acerquémonos!

Y fueron hacia allá, entre risas y comentarios.

Aldín y Citus sudaban, parecían estar untados en aceite. De modo infatigable, el reciario, alternativamente, lanzaba la red y el mirmillón se defendía con movimientos elásticos del torso y con acometidas de la pequeña lanza que llevaba. De cuando en cuando se oía el golpe de tridente del reciario chocando con el escudete de su contrincante o el chasquido estrepitoso al clavarse en la arena.

—¡Por Baco! ¡Os estáis jugando el pellejo! —gritó Máximo.

Y los gladiadores que también lo presenciaban estaban absortos tanto por la lucha como por la escena que se avecinaba. Acababan de hacer su aparición Fulvia y su padre, Tacca. Venían acompañados de unos soldados con antorchas. Se quedaron a unos cincuenta pasos, en la cima del cerro. Entusiasmados con su entrenamiento, ni Citus ni Aldín se habían dado cuenta. Después, comprendieron que algo ocurría y se detuvieron.

—¡Continuad! —ordenó Tacca.

Pero ellos no se movieron. Todo el grupo parecía paralizado. A la luz de las antorchas, sólo oscilaban las sombras de las figuras en lo alto de la cuesta.

—¡Continuad! —gritó Tacca.

Máximo reaccionó. De un tirón arrancó una rama de encina y la blandió hacia los improvisados gladiadores.

—¡Que luchéis, os digo!

Aldín y Citus continuaron.

—¿Lo ves, padre? Ambos desean conseguir la libertad si logran ganar en la lucha el día de la presentación. ¿Qué dices a eso? ¿Se la darás?

Tacca estuvo un rato viendo cómo luchaban. No respondió a Fulvia sino que ordenó, poco después:

—¡Ahora, Aldín, contra otro gladiador!

Máximo eligió uno de ellos, un hombre de brazos largos y piernas zambas, que cogió una espada y dando un grito se fue contra Aldín. Éste le esquivó y, aferrando el tridente por la horquilla, golpeó la espada del gladiador.

—¡De-mo-nio! —exclamó Máximo—. ¿Cómo lo has conseguido?

Otro gladiador entró en liza, mientras el anterior era retirado para que recuperara el aliento.

El segundo gladiador era más rápido y más flexible que el primero. Se agachó y fingió querer dar a Aldín una lanzada en el vientre, pero el muchacho, astutamente, comprendió que en la realidad lo que quería era dársela en la pierna; saltó sencillamente por encima de la lanza y se quedó a caballo sobre la espalda del hombre. Éste, sorprendido, echó a correr dando vueltas con él a cuestas.

—¡Arre, arre! —decía Aldín.

Todos acabaron riéndose. Todos menos Tacca.

Se marchó y ordenó a Fulvia que le siguiera.

—Entonces, padre ¿lo harás? Si luchan y ganan ¿les dejarás libres?

—Tú no te metas en esto, Fulvia. Es un asunto mío y no quiero oírte hablar más de él.

Mientras tanto, Máximo había ordenado a los combatientes que se fueran a dormir.

—Y vosotros dos —recomendó a Aldín y Citus— habéis acabado ya de jugar a gladiadores. Tú —a Citus— a entrenarte formalmente. Y tú, —a Aldín— a llevar agua y vino y a limpiar las armas; se acabó. ¿Qué os habéis creido? Me parece que a Tacca no le ha hecho ninguna gracia. Además, tú, Aldín, has hecho quedar mal a dos de sus gladiadores... ¿Comprendes?

Aldín bostezó, tenía sueño. Máximo se marchó refunfuñando.

—No te preocupes, Citus —le advirtió Aldín en voz baja—. Fulvia está de nuestra parte y tratará de convencer a su padre.

—Y aunque parezca haberle convencido, ¿qué? Tacca puede faltar a su palabra. Le van a hacer legado. Y los hombres cuanto más se encumbran más peligrosos son.

—Eso ya lo veremos. Primero, intentaremos que Tacca nos prometa la libertad. Por nuestra parte no quedará: venceremos. Lo presiento, es más, estoy seguro. Después, él tendrá que cumplir.

—¿Y...?

—Cada cual se volverá a su tierra.

—Aldín...

—¿Qué? —los dos se habían echado a dormir.

—Yo no tengo patria. Han pasado demasiados años desde que dejé la Sarmacia. Si ganamos, ¿me dejarás ir contigo... príncipe?

Era la primera vez que Citus le llamaba así. Aldín alargó la mano, hinchada por el uso de las armas, y estrechó la de Citus. Inmediatamente se durmió.

FULVIA SUFRE

—¿Qué le ocurre a esta niña? —preguntó Tacca una tarde.

Fulvia estaba sentada, con un gato en las rodillas y le pasaba ensimismada la mano por el lomo.

Aricia, su madre, despidió a una de las criadas que le estaba haciendo unos bucles en el pelo, y al quedarse los tres solos dijo:

—Fulvia, ¿no quieres decirnos qué te pasa?

—Has cambiado —aseguró Tacca—. Si alguien te ha criticado o te ha ofendido...

Y la voz del centurión tenía un tono amenazador.

—¿Es posible que no nos lo quieras contar? —preguntó la madre.

Fulvia dejó el gato en el suelo y salió del aposento.

El centurión y su mujer se miraron.

—Antes no podía soportar a los animales —dijo Tacca.

—Y ahora está todo el día con perros y gatos... y a menudo se queda contemplando los caballos.

Tacca recordó los primeros paseos a caballo que su hija había dado en compañía de Aldín.

—Tú entérate de lo que le pasa, y si crees que le conviene ir a Roma para tener más diversiones, me lo dices. Tengo que volver mañana porque hay dos senadores que preparan diversos asuntos en los que intervengo.

Y añadió, hinchando el pecho:

—Me parece que están a punto de hacerme legado. Es cuestión de días.

—La vida militar te aleja de nosotras.

—Es que la vida militar no es mi objetivo final. Es la política. ¿No comprendes que quiero llegar a cónsul? Sólo las grandes victorias, las campañas espectaculares, me permitirán acceder al cargo. Acuérdate de Sila, por ejemplo.

Anfites estaba en la puerta.

—¿Qué quieres? —preguntó Tacca.

—Yo podría deciros lo que le ocurre a Fulvia.

—Tal vez sí —admitió Aricia—. Tú le das lección.

—Entra y cuéntanos.

Anfites permaneció de pie y empezó su explicación.

—Fulvia es una muchacha llena de cualidades. Sobre todo, llena de vida. Jamás nada le ha parecido demasiado fuerte, demasiado importante, suficientemente satisfactorio. Como tú, Tacca, ella necesita grandes acciones.

—¡Griego del demonio, ya empiezas con zalamerías que no conducen a nada! —gritó Tacca de repente—. ¿Qué le pasa a Fulvia?

Anfites no se inmutó.

—Fulvia ha descubierto la nobleza de las personas.

—¡Valiente cosa! —musitó Tacca, un tanto asustado, sin embargo.

—Lo que estáis oyendo. Hasta ahora Fulvia ha tratado con esclavos, amigas, criadas. Y por todas partes ha visto que los esclavos se humillaban, bajaban la cabeza, reían las gracias de los señores... Esperad, que ahora os lo explicaré mejor.

—¿Por qué no te sientas, Anfites? —le invitó Aricia, que estaba interesada por las palabras del griego.

Anfites se hundió en unos cojines.

—Súbitamente aparece un esclavo de la Tarraconense, un muchacho no mucho mayor que ella, que no se doblega, no se arrastra como los otros por su naturaleza principesca y su orgullo de raza. Después, él se la va ganando por sus habilidades y también, por su condición de príncipe.

Tacca se levantó de golpe.

—Anfites, no acabo de entenderte. Todo esto del príncipe se va extendiendo y no me gusta. No sé quién lo ha inventado, pero no puede traernos nada bueno. Entre los iberos, lo de príncipe no quiere decir nada. Según parece, en realidad es el hijo del jefe de una miserable tribu... y nada más.

—No importa. Para Fulvia tiene toda la dignidad real. Y no comprende por qué está reducido a la esclavitud.

—No es eso, Anfites. Eso no es todo —rechazó Tacca—. Hay algo más. Ya hace tiempo que observo que las doctrinas de los cristianos se están infiltrando entre nuestra gente, y temo que algún esclavo de aquí lo sea. Quizá estas doctrinas han llegado a oídos de mi hija.

—Lo sabría yo —dijo Anfites—. Nadie como yo se ríe de los cristianos. A Fulvia le atrae el contraste entre la esclavitud y la condición real del muchacho.

—Pero no es nadie de la familia. Es un esclavo como los demás. Si mañana le viera crucificado se convencería.

—¡Calla! —suplicó Aricia aterrada.

—¡Otra que se las trae! ¡Más blanda que una breva! ¡Siempre con temores y lloriqueos! Buen ejemplo para mi hija...

Anfites sonreía.

—Naturalmente, no te voy a decir lo que debes hacer, pero me parece que debes separarlos.

—¿Y cómo? Dentro de unos días los gladiadores se van a Roma, pero, por otra parte, también irá Fulvia. De un modo u otro seguirá pensando en las gracias de este muchacho. ¿Qué puedo hacer?

Anfites, tímidamente, insinuó.

—¿Y si le dieras la libertad?

Tacca se quedó boquiabierto, se le marcó con intensidad una vena en la frente y los ojos se le achicaron. Cuando iba a empezar a hablar, apareció Fulvia.

—¡Ah! ¿Esto es una conspiración? —preguntó Tacca—. ¿Todo iba dirigido a pedirme la liberación de Aldín?

Fulvia se acercó a su madre y negó con la cabeza.

—No es eso, padre.

—Explícate.

—Digo que Aldín —me lo ha confesado él— no quiere la libertad otorgada graciosamente. Dice que quiere ganársela.

Tacca miró a los tres interlocutores y levantó la mano como si saludara a alguien muy lejano.

—Os juro que no le dejaré libre. Antes le vendo a los mauritanos o le llevo encadenado hasta Grecia. Ni le doy la libertad, ni podrá conquistarla.

—Quizá te lo demuestre —objetó Fulvia.

—Quién sabe... —dijo su madre.

—¡Se acabó! —ordenó Tacca, seca y tajantemente—. Aquí el que toma las decisiones soy yo. No quiero volver a oír hablar de este asunto. Y tú, Anfites, guárdate la lengua en el bolsillo. Ya hace tiempo que predicas cosas extrañas, y cualquier día...

Anfites se retiró precipitadamente.

—Tú, Fulvia, ve despidiéndote de Villa Sturia. Después de mi vuelta de Roma, prepárate para ir allí.

—Muy bien, padre. Pero recuerda que Aldín ha dicho que ganará su libertad.

Tacca salió, diciendo que quería ver no sé qué con Clito.

Cuando Fulvia se quedó a solas con su madre, se encogió de hombros como diciendo: «A ti, ¿qué puedo decirte?».

Aricia permanecía sentada y se limitó a contestar:

—Tu padre tiene mucho en qué pensar, parece que van a hacerle legado y él quiere llegar a propretor. Por eso no puede entretenerse en descifrar estas cosas del pensamiento y de los sentimientos.

—¿Eso quiere decir que a ti sí puedo contártelas?

—Espero que tengas confianza en mí.

—Entonces, mira: Anfites no ha terminado de contarlo todo. Al principio, Aldín me pareció un esclavo especialmente destinado a mí, era alguien al que había que rebajar, torturar, disminuir. Mi padre me ha educado así. Pero enseguida, dentro de mí, empezó la lucha, con una desazón que no sabría explicar, contra la costumbre de maltratar a los esclavos, de hacer siempre mi voluntad. Yo comprendía que Aldín era diferente, ¿entiendes? ¡No tenía miedo!

—Lo entiendo muy bien, hija mía.

—Era maravilloso: no tenía miedo. Todos lo tenemos. Él no; ni teme las tempestades, ni el látigo, ni las cadenas, ni el cansancio.

—Y es un príncipe.

—Sí, también esto, al principio, me pareció magnífico. Sin embargo, después, he comprendido que en algún lugar del mundo debe de haber personas como él que no tienen miedo a los poderosos. Gente indómita, como los caballos salvajes. ¡Qué precioso es un caballo, madre! Y cómo se aquieta cuando Aldín se le acerca.

—Continúa.

—Y Aldín, sobre todo, es valiente... Se enfrentó a mi padre. Eso hasta ahora no lo ha hecho nadie. Nunca. Eso es lo que admiro de él. Un chico así no puede, no ha de ser esclavo.

Aricia extendió la mano. Fulvia depositó en ella la suya.

—Sé que quieres decir la verdad, hija mía. Tu verdad. Pero, por ahora, me parece que lo que domina en ti es una gran simpatía por este muchacho ibero. Nada más.

Fulvia se sonrió un poco.

—Sea como sea —dijo, como hablando para sí—, si voy a Roma aún podré ver que gana su libertad, tal como ha prometido. Y si no, todo se vendrá abajo.

HACIA EL COMBATE

Llegó el día de salir hacia Roma. Los gladiadores se habían ido temprano en carretas.

Aldín, en cuanto oyó a Clito que habría carreras en el circo, pidió que le dejaran llevar los caballos. De los que había en Villa Sturia se separaron tres, que eran los que Aldín tenía que conducir.

Clito, no obstante, le prohibió ir montado, así que hizo todo el viaje a pie, llevando a los animales del ronzal. Le compensaba ir con ellos, prefería, sobre todo, la compañía de los corceles. Ninguno de los caballos de Villa Sturia era de los suyos, a éstos los había perdido de vista al llegar al puerto de Roma. Pero, ¡eran caballos!

De este modo, andando tras las carretas, contemplaba el paisaje llano y un poco triste de los alrededores romanos. Había zonas pantanosas, mesetas grises con poca hierba, lomas pequeñas y secas con cuatro pinos en la cima y alguna que otra piña de ciprés. Al fondo, aún lejanas, se divisaban las siete colinas en las que se asentaba Roma, la grande.

La noche anterior habían salido unos grupos de esclavos y esclavas con otra carga —ropa y enseres— dirigidos por capataces. Aldín supo que la mujer cristiana y Later formaban parte de ese grupo.

En Villa Sturia quedaban aún Aricia y Fulvia. Tacca saldría con ellas al mediodía.

Aldín iba pensando en el cambio que Later había dado en los últimos días: del mozalbete atemorizado y encogido del principio no quedaba ya nada. Ahora Later parecía más fuerte, e incluso más decidido. Seguramente los sermones de aquella esclava habían hecho mella en su espíritu.

Por otros caminos Aldín había llegado también a las mismas conclusiones. El hombre no debía ser esclavo. Él nunca lo sería. El hombre sólo es esclavo cuando se considera como tal.

Sin embargo, dudaba de que Later, llegado el caso, pudiera resistir la tortura o el esfuerzo físico que suponía sufrir en la propia carne los castigos aplicados a los esclavos.

Al atardecer, llegados ya a Roma y a los locales de Máximo, Aldín emprendió la faena concreta de servir a los gladiadores. Asimismo pudo volver a reunirse con Citus, del cual había estado separado durante todo el viaje.

—Yo en tu lugar dejaría eso de hacer de gladiador —le dijo Citus—. Todos son hombres hechos y derechos: aunque Tacca consienta en dejarte luchar, reconociendo tu valor, vas a caer al primer golpe, como las hojas de los árboles.

Aldín hizo un ademán de protesta.

—O al segundo golpe de uno de esos gigantes. ¿Comprendes? Además, como Tacca no te va a dejar luchar, si quieres hacerlo tendrá que ser saltando a la arena espontáneamente. Y, suponiendo que salgas vivo, el castigo después será terrible.

Aldín sonrió.

—Tú sigue hablando, Citus. Me da la impresión de que ya no confías en mí como antes.

—No digas eso, Aldín. Yo siempre te he querido. Me di cuenta en seguida de que no eras un palurdo vulgar de un pueblo ibero, que eras un cabecilla, a pesar de tu juventud. Porque te tengo cariño es por lo que te pido que me dejes luchar a mí y presencies el espectáculo desde la cávea.

—Ya nos veremos, Citus.

—Eso espero; al acabar el combate.

Aldín jugó otra baza.

—Supón que te proclamas vencedor y Tacca te quiera otorgar la libertad. ¿No te apenaría que yo siguiera siendo esclavo?

—Aldín, si Tacca hiciera eso, yo le pediría también tu liberación. Según dijo Máximo en una ocasión respecto a nosotros: «Tras de la soga el caldero».

Aldín asintió con la cabeza. Después se fue, obedeciendo a una orden de Máximo.

Por la noche, apareció la esclava cristiana con un mensaje para Aldín. Se lo tenía que dar de palabra y los dos se retiraron a un rincón del local.

—Te envía Fulvia, ¿verdad?

—Sí. Dice que hagas lo que tengas que hacer.

—¡Qué recado más extraño! ¿Que haga lo que tenga que hacer?

—Yo no sé nada de nada. Te repito lo que me ha dicho.

—Y cómo te lo ha dicho, ¿a gritos, como siempre?

La esclava abrió la boca desmesuradamente, muy extrañada.

—Nooo... Me trata como a una hermana, como si fuera de la familia. Príncipe, Fulvia ha cambiado. Se hace querer. Bendita sea.

La esclava estaba a punto de llorar, luego se rehízo.

—Es un milagro —dijo para terminar.

Después se alejó.

Aldín explicó el mensaje a Citus.

Éste dejó de estirar unos correajes que iba a llevar en el combate y comentó:

—Me parece que lo entiendo. Quiere decir que hagas lo que hagas, ella te ayudará. No sé de qué modo, naturalmente, pero está de tu parte.

—Entonces —dijo Aldín— pediré a Tacca que me deje actuar de mirmillón.

Al día siguiente, la víspera de los combates en el anfiteatro, Aldín se ofreció para llevar un encargo a casa de Tacca. Y fue precisamente en el atrio donde encontró a su amo. Tacca, conforme a su costumbre, volvió a entornar los ojos.

—¿Qué haces tú aquí? ¿Dándote la gran vida por las calles de Roma? ¡Aquí no hay caballos que robar!

Aldín le dejó desahogarse sin cambiar la expresión de su rostro.

—Vengo a dar un recado a Aricia y en seguida vuelvo con los gladiadores.

—¿Te gusta este trabajo? ¿Te resulta muy cansado? —preguntó Tacca.

—Me canso más que nunca porque hago «todo» el trabajo de los gladiadores. Ya me viste luchar con Citus y los demás. Ya soy un gladiador más.

—¡Eres un caradura! ¿Qué te has creído?

—Tacca, eres mi amo y puedes romperme todos los huesos si quieres, pero te pido, por los dioses, que me dejes saltar a la arena.

—¿Con los gladiadores?

—Sí.

—Morirás.

—O no.

—Si mueres, me vas a privar del placer de verte a mis pies. Tú eres el esclavo por excelencia. ¡Fuera! ¡Anfites!

El griego apareció solemne y lentamente.

—Aldín dice que trae un encargo.

Aldín se lo dio, el griego se fue y el muchacho preguntó a Tacca si quería algo más.

El centurión le despidió con un ademán negativo.

Cuando Aldín salía se encontró con Anfites, y éste le detuvo.

—¿Es cierto lo que he oído? ¿Quieres salir a luchar?

—Sí. Tacca no quiere, pero yo saltaré a la arena. Si no es Tacca, será el emperador el que me dará la libertad.

—También puede ocurrir que sobrevivas a la paliza de los gladiadores, y el emperador, a instancias de Tacca, al cual han hecho ya legado, te condene. Hablaré con Fulvia. Déjalo en mis manos. ¡A mí este juego también me divierte!

Tacca no sabía lo que se estaba cociendo. Ni siquiera lo sospechaba y menos aún su mujer. En Roma se preparaba contra él una terrible y pacífica conspiración.

Aldín, Citus, Anfites, Fulvia, la esclava cristiana y Later eran los cabecillas. Y el resto de los esclavos, los tenderos, los soldados ociosos, los mendigos, los cargadores de los mercados, los rapaces y hasta un senador y un comerciante enriquecido eran los conspiradores.

Como siempre, Anfites fue quien movió astutamente la primera pieza. Dijo, sencillamente, a otros pedagogos que un importante príncipe ibero iba a debutar como gladiador en la arena del anfiteatro. Y su categoría era tal, que los gladiadores de la Vía Apia habían sobornado a Máximo para que no le trajera como contendiente.

La esclava cristiana, a su vez, iba diciendo que un príncipe de tierras muy lejanas, inspirado como un profeta y capaz de amansar a una fiera, lucharía en la arena.

Fulvia, más fantasiosa, más enérgica, decía a todo el mundo que el gladiador más importante sería un tal Aldín, de la Tarraconense, fuerte e indomable. Era esclavo de su padre y no habían podido abatirle a pesar de haber sido sometido por él, y por ella, a los más duros tormentos. Por eso, aun siendo tan joven, el legado Tacca le hacía salir al anfiteatro para ver si los otros gladiadores le despedazaban. Que no se perdieran el espectáculo porque iba a ser emocionante: a sangre y muerte.

Con esto Fulvia no desmentía su fama de niña terrible, de sentimientos crueles, y los que la escuchaban se tragaban el anzuelo.

Later contaba que Aldín era muy sabio y tenía poderes mágicos, que el amuleto que llevaba al cuello le hacía inmune a todo peligro.

La Roma de entonces estaba llena de gente, de diverso origen y condición. Grandes reuniones en el Foro, en los jardines, en los mercados...

Pronto corrió la noticia por los grupos, entró en las casas por puertas y ventanas, llegó a los sacerdotes, a los militares y al Senado.

Y hasta en los círculos que rodeaban al emperador se comentó que de un modo u otro, los gladiadores de Tacca iban a dar una sorpresa.

Aldín estaba muy convencido de esto último.

Permaneció un buen rato con los ojos casi cerrados, recordando todos los movimientos del reciario y el mirmillón, para cuando llegara el momento de saltar a la arena. Iba a jugárselo todo en la misteriosa jugada del destino.

Un gran vocerío recibió al emperador. La gente, como siempre, había acudido al anfiteatro en avalanchas y apresuradamente afanosos por encontrar un buen sitio. El calor era sofocante y el cielo se fue cubriendo de nubes cada vez más densas. Los vendedores de fruta, rodeados de moscas, paseaban entre el público con sus grandes alforjas, tropezando y respondiendo con insultos a las palabrotas del público excitado.

El emperador tomó asiento en su sitial de piedra labrada, cuya blancura no destacaba tanto a causa del quitasol que lo cubría. A su lado se sentó Tacca, orgulloso y envanecido por su nueva condición de legado. La multitud había estado gritando durante más de una hora y aumentó en aquel momento el grado de alboroto.

Miles y miles de voces ensordecían el ambiente. Las palomas, que por casualidad descendían sobrevolando el recinto, cambiaban de trayectoria bruscamente, asustadas ante aquella cazuela en plena ebullición.

—Yo te digo que los de la Vía Apia no han perdido ni un combate desde hace muchos meses —decía un hombre rechoncho.

—¡Tú ves menos que un murciélago! —le respondió su interlocutor—. Tacca ha hecho maravillas con sus gladiadores.

—¡Pero... si sólo hace un mes que los tiene! Y siendo Máximo el entrenador, bastante tarea tiene con pagar sus deudas. A mí me debe un montón de sestercios de la carne que le he vendido.

—¡Ah! Ya estás pensando en tu mostrador, carnicero del demonio.

—Y tú crees que siendo ahora Tacca legado te nombrarán centurión, ¿verdad? ¡Pero si no haces otra cosa que beber de sol a sol!

Later oyó estas últimas palabras escondido entre el público y alargó el cuello para ver de dónde procedían. Dos filas más abajo, el decurión Magnus discutía con el gordinflón carnicero. Los dos tenían la cara colorada y el vientre prominente, y Later tuvo que taparse la boca para no reírse estrepitosamente de ellos.

Después volvió la cabeza para ver dónde estaba Fulvia. Había un pasadizo que le separaba de las localidades de la gente distinguida, pero a pesar de todo, localizó en seguida a su joven dueña. Con ella se encontraban Aricia y otras damas, formando un grupo muy parlanchín, pero Fulvia, de vez en cuando, apoyaba la mano en una de sus mejillas en actitud pensativa. Later también estaba preocupado, pues sabía que Aldín era capaz de cumplir su promesa.

Parte de la excitación del público se debía a la noticia de que un príncipe ibero iba a saltar a la arena. Lo daban por hecho porque casi todos ignoraban que todo aquello era un rumor extendido por los amigos de Aldín; no obstante, era una circunstancia favorable, dado que si la gente exigía que el joven ibero saliera, Tacca se iba a ver en un compromiso.

—César —dijo Tacca, dirigiéndose al emperador—. Hoy hemos traído a los mejores gladiadores. Tú dirás si deseas que algún combate sea a muerte.

El emperador, que tenía esta facultad, renunció.

—Ya veremos. En principio, nada de luchas a muerte. Ya sabes que esto se hace si la plebe lo pide.

Tacca, para sus adentros, se dijo que aquello le había salido sin proponérselo, instintivamente. Temía que los dioses permitieran que el esclavo ibero saltara al coso, y también que saliera vencedor. Y lo que más le desazonaba era que Fulvia, en cierto modo, le protegiera. ¡Cómo había cambiado su hija! Tacca no era supersticioso, pero empezaba a preguntarse si el muchacho tenía en efecto poderes mágicos.

—Clito —dijo, volviendo la cabeza.

Detrás de él, el fiel Clito se inclinó para oír mejor.

—Ve con los gladiadores y que Máximo encierre al muchacho ibero. No quiero que cometa la locura de salir en cualquier momento.

Minutos antes de que esto ocurriera, Fulvia había hecho una señal a Later. Cuando éste se acercó le dijo que fuera donde estaban los gladiadores y rogara a Aldín que no desfalleciera. Por dos lugares distintos del inmenso anfiteatro, bajaban Clito y Later, impulsados por el interés que tanto Tacca como Fulvia sentían por el joven Aldín.

Y ambos se quedaron con un palmo de narices al ver que en el departamento de los gladiadores no existía el menor rastro del muchacho. Se había esfumado.

Later retrocedió inmediatamente al ver a Clito y pasó inadvertido para éste, pero pudo oír a Máximo diciendo que hacía rato que faltaba Aldín y que probablemente estaría entre el público.

Al escuchar aquello Later, escapó como una liebre, mientras Clito regresaba para comunicar a Tacca la ausencia del chico, pensando que si faltaba no era para presenciar pasivamente el espectáculo, sino para intervenir en él.

Tacca recibió la noticia con tal desasosiego que el emperador le preguntó si ocurría algo.

—Se me ha escapado un esclavo.

—A propósito —dijo el emperador—. ¿No será quizá ese gladiador tan bueno que dicen que tienes?

Tacca palideció.

—Todos son buenos —atajó.

—De acuerdo. Se dice que hoy actúa un ibero más listo que un rayo, Roma entera lo comenta.

—Te han informado mal, césar. Sólo hay un gladiador nuevo y es sármata.

—Me decepcionas. Si el ibero existe, me gustará verle salir a luchar.

Mientras, por la arena habían desfilado unos soldados, haciendo unas evoluciones que representaban la batalla de Cumas. El público permanecía distraído porque sólo le interesaban los gladiadores, y eso era lo que esperaba. Cuando los soldados del primer número del programa se retiraron, todo el mundo miró al palco imperial y a la mano del emperador, aguardando que diera la entrada al espectáculo que realmente querían y por el cual se habían movilizado.

En los sótanos del anfiteatro, tan grandes como el propio ruedo, había pasadizos, cuevas, bodegas y escaleras. Later, tratando de volver a su sitio para informar a Fulvia, descendió por unas escaleras con la intención de salir de nuevo a las gradas pero, desorientado, se perdió. Cuando en uno de los pasadizos vio al fondo un pelotón de hombres armados, sintió miedo y se dirigió a otro pasadizo, y después hacia un tercero... hasta que al final, todo eran pasadizos, pequeñas escaleras, rejas, arcos y plataformas. Cerca de donde se encontraba se oía un rumor como de gorgoteo de agua. Later estaba tan desorientado que hasta el final no se dio cuenta de que aquella clase de ruido procedía de las jaulas de las fieras.

Un león y tres panteras miraron a Later a través de las rejas como quien mira un mosquito. Una de las panteras continuó rugiendo unos instantes y después se echó con las otras.

—Cantan bien, ¿verdad?

Fuera quien fuera el que había hablado, estaba muy cerca. Y Later, pasado el primer sobresalto, no vio a nadie. Se azoró un poco.

Entonces Aldín asomó el torso por detrás de un recodo de la pared.

—Soy yo, no te asustes.

—¡Aldín!

Y después, apresuradamente:

—Clito te ha estado buscando. Tacca te quería encerrar y encadenar para que no salieras.

Aldín se hizo visible del todo. Later se quedó boquiabierto.

El ibero era algo más alto y fuerte que Later, pero vestido de gladiador parecía un hombre. Llevaba una camisola hasta las rodillas, unas polainas, unas sandalias gruesas, un plastrón pequeño y unas muñequeras de cuero.

—Que me busquen. Aquí no me encontrarán. Hace un rato que ha venido el encargado de los animales para ver cómo andaban estos amigos felinos... y como yo estaba escondido, ni me ha visto. Sólo espero el sonido de las trompetas para prepararme a salir.

—Pero, ¿por dónde saldrás?

—Ahora lo verás. Hoy conquisto mi libertad. ¿Has visto al emperador?

Later asintió.

—Entonces él me verá pronto a mí.

Se oyeron las trompetas, cuyo sonido fue sofocado inmediatamente por el griterío de la gente.

Aldín recogió la jabalina y se la dio a Later.

—Ten mucho cuidado. Fíjate. La jaula de estos animales tiene un zócalo. Treparé la reja y pasaré por el zócalo manteniendo a raya a las fieras con la jabalina. Mientras, te quitas la túnica y la lanzas dentro, para que las bestias se distraigan.

—Aldín, temo por ti...

Éste no le dejó acabar.

—No es momento de hablar. Haz lo que te digo. Te quedarás sin túnica porque los felinos la destrozarán. Pero, entretanto, yo habré llegado ya a aquella ventana de arriba. ¡Suerte, Later!

Later le abrazó unos instantes.

Aldín trepó a la reja, que no llegaba a la parte su-

perior del arco de la puerta, y pidió la jabalina. Las panteras se habían levantado y daban vueltas por la jaula. Later le alcanzó la jabalina y con un movimiento rápido lanzó su túnica a las fieras. Aldín, con presteza, avanzaba por el zócalo aferrándose a los barrotes, cara a los animales. Las panteras se abalanzaron sobre la ropa, hechas un revoltijo. Pero el león acudió al barullo para demostrar que era él el rey de los animales.

Se quedó sólo lamiendo la túnica deshilachada. Una de las panteras dio un resoplido y trató de saltar contra el borde del zócalo, pero el salto fue tímido al ver la jabalina de Aldín.

Fuera, el jaleo era estrepitoso. La música había cambiado, tenía un tono más apagado. Después cesó. Se hizo el silencio justo cuando Aldín llegaba trepando a la ventana. Era una claraboya sin rejas pero lo suficientemente alta para que una fiera no pudiera alcanzarla de un salto. Aldín, con la jabalina sujeta al cinturón y el casco pendiente de una correa, tenía ya medio cuerpo fuera y podía ver la arena del circo y a los gladiadores que acababan de aparecer. Dijo:

—Están todos.

Y pensó: «Todos los que Tacca tiene previstos. Pero ahora verá que hay uno más». Y se quedó encogido esperando su momento.

Mientras, Later, tranquilo al ver sano y salvo a su compañero, dirigió su mirada hacia los animales. Contempló su ropa maltrecha y le dio la impresión de que el león y las panteras le habían destrozado a él. Quizá algún día, si se hacía cristiano de verdad y le descubrían, acabaría siendo pasto de las fieras.

Y pensando en ello, cerró los ojos, estremecido.

¡AVE, CÉSAR!

«¡Ave, César, los que van a morir te saludan!» Todos los gladiadores, a una, acababan de gritarlo.

La frase era de rigor, aunque el emperador no quería, en principio, que la lucha fuera a muerte. Pero en Roma se consideraba que la vida de los gladiadores dependía de la voluntad del césar.

Y el gentío prorrumpió en otros alaridos de entusiasmo al ver dieciséis gladiadores, ocho a cada lado, formados en fila.

Empezó el combate.

Peleaban de dos en dos. Todos luchaban con espada, excepto la pareja formada por Citus y su contrincante, éste como reciario y aquél como mirmillón.

Later había encontrado al fin el camino de vuelta y llevando por toda prenda un pantalón corto, consiguió llegar cerca de Magnus. Éste, excitado con la lucha, ni siquiera le vio. Pero Later le sobrepasó y llegó hasta donde se encontraba Fulvia. Cualquier fugitivo podría haberse escapado del anfiteatro porque nadie miraba más que a la arena.

—¡Later! ¿Qué te ha sucedido?

—No temas —respondió Later a Fulvia—. Aldín saldrá. Todo ha ido bien.

Fulvia dio una capa al muchacho. Y se dispuso a ver lo que ocurría.

—¿Qué hacen Citus y el otro? —preguntó Later.

Fulvia se lo explicó.

—La lucha del reciario y el mirmillón representa una pesca. El mirmillón, en este caso Citus, tiene un pez dibujado en el casco, y el reciario, que lleva la red, quiere pescarle. El ganador es el que logra atrapar al contrario.

Entre el griterío del público, los gladiadores se fueron quedando poco a poco desarmados o heridos. Sólo seguían combatiendo Citus y su oponente. Los espectadores conocían a este último, famoso en Roma, y le gritaban por su nombre:

—¡Harpinus, ya es tuyo!

—¡Harpinus, atrápale!

Pero Citus era rápido y esquivaba la red cada vez que el pesado reciario se la lanzaba. Finalmente, el reciario perdió el equilibrio y, súbitamente, Citus le puso el pie encima, al tiempo que le arrebataba el tridente.

—¡A muerte, a muerte! —chillaba el público.

Tacca, satisfecho de que la victoria que él creía final recayera sobre uno de los suyos, aunque fuera Citus, se volvió hacia el emperador:

—¿No deseas que sea a muerte? Recuerda que sólo necesitas mover un dedo...

El emperador paseó la mirada por todo el anfiteatro alborotado y negó con la cabeza.

—La lucha ha durado poco —dijo. Es preciso alargarla. ¿Por qué no sale ese ibero que dicen que tienes?

—Yo... —musitó Tacca sin saber qué decir.

Entonces Later, aprovechando que el público callaba porque se había dado cuenta de la conversación del empresario con el emperador, se puso en pie y clamó:

—¡El príncipe!

Fue como una palabra mágica. La multitud comenzó a vociferar:

—¡El príncipe, el príncipe!

Y hacían comentarios entre ellos.

—Sí, recuerda que toda Roma habla del príncipe ibero.

—El que no ha sido nunca vencido.

Pero en el momento en que Aldín, emergiendo de la ventana a ras de tierra, emprendía una carrerilla hasta el mismísimo centro del anfiteatro, Fulvia, aterrada, se llevó las manos a la cara:

—¡Oh! ¡Qué desgracia! ¡Ahora tendrán que luchar Citus y Aldín!

Later también miraba aturdido.

El emperador, complacido, felicitó a Tacca.

—¡Qué callado te lo tenías! ¡Eres muy original, Tacca, mi querido legado! ¿De dónde has sacado este gladiador?

El público se había apercibido de que el muchacho había salido de la ventana de la jaula de las fieras. Todo el mundo en Roma sabía qué ventana era aquélla. Y todos sabían también que allí siempre había animales. Por tanto, era evidente que Aldín, el príncipe, había tenido que pasar entre zarpas y dientes.

Los espectadores empezaron a aclamar a Aldín ya antes de la lucha.

El emperador, con un gesto de la mano, hizo callar a la gente.

Aldín se había arrodillado en la arena.

Tacca estaba pálido. Una vez más se sentía vencido.

—Habla —dijo el emperador, adivinando que Aldín quería decir algo.

—¡Ave, césar! —gritó estentóreamente.

Ante él, Citus se estaba poniendo ya el casco de reciario y empuñaba con una mano el tridente y con otra la red. Combatiendo contra Aldín, tendría que hacer de reciario.

—¡Ave! —respondió el emperador.

—¡Ave! —dijeron a su vez, desde su sitio, Fulvia, Aricia y Later.

—¡De-mo-nio! —exclamó en cambio, desde su rincón, Magnus—. ¡Si es el pequeño caballista! Quizá es que no veo bien. En cuanto esto se acabe tendré que ir a la taberna...

—¡César! —volvió a aclamar Aldín—. Yo soy ibero, de la Tarraconense. He sido hecho esclavo injustamente, he aprendido en poco tiempo el oficio de gladiador. Pero soy del equipo de Tacca y no puedo luchar contra un compañero. Lucharé contra otro, y si gano te pido que me otorgues la libertad que Tacca no quiere darme.

El césar se volvió a Tacca.

—¿Qué crimen ha cometido?

—Orgullo, rebelión y mil cosas más.

—¡Es el príncipe ibero! —gritó nuevamente Later.

—¡Libérale si gana! —suplicó alguien.

Era una voz femenina.

Todos pudieron ver a Fulvia, puesta en pie y con los brazos alzados.

—¡Maldición! ¡Es mi hija! —murmuró Tacca.

El emperador abrió los ojos.

—¡Lo que son las cosas, Tacca. Si tu hija me pide que le libere, tengo que concedérselo!

Y mientras Tacca callaba, el emperador tendió el brazo:

—Si ganas, te doy la libertad. ¡Levántate!

Aldín así lo hizo.

—¿Y la de dos esclavos más, césar? —preguntó Aldín aún.

—Debes estar muy seguro de tu propia valía. Concedido. ¡Tú y dos esclavos más! ¿Contra quién quieres luchar?

Entonces ocurrió algo que no se había visto nunca en Roma: se levantó solemnemente el legado Tacca y declaró:

—¡Contra mí!

Se hizo un silencio en el cual se podía oír el vuelo de una mosca. Era una sorpresa increíble.

Citus pareció encogerse. Later imploró a Fulvia con la mirada, y el mismo emperador, asustado, hizo un ademán con las manos.

—Piensa lo que haces, Tacca. Te lo podría prohibir, pero me limito a recordarte que puedes jugarte la vida.

—Si es un rapaz. Le haré pedazos como homenaje a tu grandeza.

—¡Venga! ¡Venga! —se impacientaba el público.

Ya en la arena, Tacca le arrebató a Citus la red y

el tridente, se puso el casco, y mirando fijamente a Aldín, gritó:

—¡Ven, pececillo! —que era lo que solían decir los reciarios.

Citus se retiró cabizbajo, pero sin salirse de la arena. Le constaba que quizá tendría que intervenir si Tacca quería jugar sucio.

Aldín sonrió:

—¡El pececillo no quiere ir! —vociferó—. ¡Pescador, ven tú por él!

Era, también, la frase típica del mirmillón.

Tacca se abalanzó sobre Aldín, no accionando la red sino el tridente. El muchacho vio ante sí las tres púas afiladas, ladeó la cabeza y se dejó caer al suelo rodando y, levantándose inmediatamente, empezó a correr dando vueltas alrededor de Tacca.

—¡La libertad, Tacca! —decía.

—¡Libertad! ¡Libertad! —clamaba el público.

Fulvia se golpeaba un puño con otro.

Nueva acometida de Tacca, ahora con la red. Ésta se elevó y llegó a rozar la punta del dardo del ibero, pero Aldín, entrenado en las jugadas propias de la lucha, avanzó un paso, evitando así que la malla le diera un tirón. Después sacó deprisa el arma, se agachó nuevamente y en esta ocasión chocaron dardo y tridente. El chasquido se oyó en todo el anfiteatro, dado el silencio de la gente. «Tengo que triunfar, tengo que triunfar —decía entre dientes Aldín—. No puedo cansarme, no puedo cansarme.»

Tacca atacaba una y otra vez. Citus estaba serio, hecho un manojo de nervios. Aldín esquivaba.

Una última embestida de Tacca dio su fruto. El brazo izquierdo de Aldín se enganchó en la red, pero el muchacho, con el arma, puso la zancadilla al legado, que cayó al suelo. Ambos rodaron por tierra, y el tridente quedó sobresaliendo por entre las mallas.

En medio de la algarabía, Tacca alargó una mano y aferró el cuello de Aldín, mientras éste, con la empuñadura del dardo, hacía palanca entre las púas del tridente para oprimir también el cuello de Tacca.

—¡Mo-ri-rás! —aseguraba el legado.

Aldín no podía apenas respirar. Pero aún le quedaban fuerzas.

Jadeante, le dijo:

—¿Qué quieres, Tacca? ¿Ganar ahora y perder para siempre una hija?

—¡No te saldrás con la tuya! —le contestó.

—¡Basta! —rogó Fulvia, dando una gran voz.

El emperador alzó la mano.

—¡Que acabe la lucha!

—¡Oh! —dijeron, en un murmullo, todos los espectadores, decepcionados.

El emperador ordenó a los dos contendientes que subieran a su palco.

—¿Cómo te llamas? —preguntó a Aldín.

—Aldín, césar.

—Eres un buen luchador. Tú, Tacca, también; ya lo sabía de antemano. ¿No crees que ya habéis demostrado tanto uno como otro que sois dos excelentes guerreros?

Tacca bajó los ojos.

—Tú mandas —concedió.

—Y tú Aldín, ¿querrías ser soldado romano?

El emperador ofrecía al muchacho una cosa que muchos habitantes de las provincias ambicionaban.

Aldín negó con la cabeza.

—Noble césar: antes te pedí mi libertad y la de otros dos esclavos. Sólo quiero eso.

—¿Y qué harás? ¿Volver a tu tribu?

—Sí.

—¿No te gustaría más quedarte en Roma? ¿Quién te espera en tu tierra?

—Un caballo, César.

—¡Un caballo! —dijo el emperador, admirado.

—Sí: un caballo contra Roma.

Un año después, Anfites volvía de un viaje a la Galia con el legado Tacca.

Habían pasado por Dertosa, remontando el río, y, antes de llegar a los Pirineos, el griego pidió a Tacca que le dejara dos días libres. Éste accedió, aun sabiendo que lo que deseaba era ir al pueblo de Aldín.

Lo que el legado no sabía es que Anfites había recibido este encargo de Fulvia y Aricia.

—¿Y cómo está nuestro príncipe? —preguntó Aricia cuando aquél, al volver del viaje se presentó ante ella.

—Ahora es el reyezuelo. He conocido también a la que pronto será su esposa.

—¿Y Citus? ¿Y Later?

—Citus es el jefe de los cazadores del poblado. Later se va a ir no sé adónde con los cristianos.

Fulvia aún no había abierto la boca. Pero, de repente, no pudo contenerse.

—¿Y no te ha dado ningún recado especial para mí?

—No: Aldín no sabe escribir. Ahora bien, me ha dado una cosa. Si te asomas a la ventana la verás.

Fulvia, de una carrera fue hacia ella, impaciente.

Un potro blanco con manchas grises y negras pateaba por el jardín. Era un caballo de cuello firme y largas crines.

—Sólo tiene cinco meses —aclaró Anfites—. Dice Aldín que todavía no puedes montarlo. Pero me ha asegurado que el padre de este potro es su propio caballo, cuya clase no tiene igual en el mundo. Y es por el cual él luchó hasta lograr la libertad.

—Sí —dijo Fulvia, como hechizada—. Ya lo dijo él: «Un caballo contra Roma».

Josep Vallverdú (Lleida, 1923)

Fue, de niño, un lector infatigable, amante de las novelas de acción. Y él mismo escribía cuentos y los ilustraba. Todavía hoy dibuja, trabaja la cerámica y hace esculturas y, con el tiempo, se ha convertido, seguramente, en el escritor catalán más prolífico para chicas y chicos.

Sus novelas, ágiles y vigorosas, están situadas casi siempre en el campo o en la montaña, lejos de la ciudad, donde –según dice– hay demasiada gente, humo y cemento. Josep Vallverdú ha obtenido, entre otros, el premio de la CCEI, el «Josep M. Folch i Torres» y el «Joaquim Ruyra»; los dos primeros por dos veces; su novela *Mir, el «Ardilla»* mereció figurar en la Lista de Honor del Premio «H.C. Andersen» de literatura juvenil (IBBY, Praga, 1980); su obra *El alcalde Chatarra* ganó el premio de literatura de la Generalitat de Catalunya a la mejor novela juvenil catalana de 1981, y su libro *Sabiondo y Colaverde* mereció el Premio Nacional de Literatura Infantil de 1983. En 1983 fue candidato a la medalla «H.C. Andersen».

Todas sus novelas han sido traducidas al castellano. Pero, además, *El hijo de la lluvia de oro* ha sido publicada en italiano; *Roque, el trapero* en euskera, y *Polvorón* en ruso, en euskera y en francés. En este último idioma, *Polvorón* (Vif-Argent) mereció en 1990 el premio «J'aime lire/Je Bouquine», concedido por un amplio jurado de jóvenes lectores.

Además de novelas escribe cuentos y artículos de todo tipo, que publica en revistas y periódicos, para un público juvenil o adulto. Es autor también de obras de teatro, libros para la escuela, libros de viajes... y, aun, de poesía; además de haber visto publicadas, hasta el momento, más de cincuenta traducciones. Vive en el campo, entre plantas, perros y gatos.

Obras de Josep Vallverdú publicadas en La Galera:

Polvorón
Roque, el trapero
Felipe y sus gatos
Bernardo y los bandoleros
Un caballo contra Roma
Chacales en la ciudad
Inventores de fantasmas
Mir, el «Ardilla»
Girasol de historias
Los amigos del viento
El alcalde Chatarra
El hijo de la lluvia de oro
Sabiondo y Colaverde
Los convidados del bosque
El vuelo del halcón
La espada y el cantar
Náufragos en el espacio
Manos de Bronce
Ladrones de caballos